회령 사람들, 기억 속 이야기를 들려주다!

김석향

이 저서는 2010년도 정부재원(교육과학기술부 인문사회연구역량강화사업비)으로 한국연구재단의 지원을 받아 연구되었음(NRF-2010-330-B00187).

들어가는 말

이 책은 회령 사람 20명이 떠나온 고향을 돌아보면서 기억 속 이야기를 들려주는 그대로 글로 정리한 결과물이다. 2010년 9월 이후 한국연구재단의 한국사회기반연구사업 Social Science Korea 과제로 "일상생활 연구를 통해 본 북한사회의 형성과 변화" 연구를 계속하는 과정에서 지금까지 북한이탈주민 71명을 대상으로 총 129회에 달하는 심층면담을 시행해 왔다. 그 중에서 회령 출신 20명의 이야기를 일차적으로 정리하여 이 책에 담아 보았다.

이 책에서 말하는 20명의 면담 대상자는 회령에서 출생한 뒤 적어도 20년 이상 그 지역에서 살다가 탈북한 사람을 의미한다. 71명의 면담 대상자 중에는 회령에서 학교를 다녔거나 직장을 그 곳으로 배치 받았던 사람도 있지만 이 책에는 그런 사람들 이야기를 의도적으로 포함하지 않았다. 물론 이들의 이야기가 중요하지 않기 때문에 배제했던 것은 결코 아니다. 오히려 가까운 장래에 이 책에 등장하지 않았던 사람들 이야기를 세상에 알릴 기회를 만들고 싶다는 욕구가 내심 더 강하게 자라나고 있다.

이 책에서는 온전히 회령 출신 면담 대상자 20명이 기억하는 고향 이야기에 주목하고자 한다. 회령이라는 이름은 산봉우리를 뜻하는 령(嶺)으로 빙 둘러싸인 지역을 의미한다고[i] 면담 대상자 한 사람은 말해 주었다. 회령의 특산물은 백살구가 유명하다고 알려주었다. “백살구 자체도 유명하지만 회령 백살구 공장에서 만들어내는 백살구 짬도 잘 알려져” 있다고 이들은 말했다. 해마다 백살구 철에는 이런저런 이유로 북한 전역에서 사람들이 회령으로 몰려온다는 말도 들려주었다.

20명의 이야기를 정리하면서 나는 고향의 의미를 여러 번 생각했다. 요즘 내 주변에는 언제라도 마음만 먹으면 차편을 마련해서 찾아가도 되지만 이런저런 이유로 고향에 가지 않겠다고 선택하는 사람들이 많다. 그런데 나에게 이런저런 이야기를 들려준 20명의 회령 출신 북한이탈주민은 언제 다시 그 땅을 밟아볼 수 있을지 도무지 기약하기 어려운 상황에 놓여 있는 사람들이다. 이들은 고향을 생각하면 그저 끝없는 그리움을 마음 속 깊이 꾹꾹 눌러 다스릴 따름이라고 했다. “눈을 감기 전에 단 한 번이라도” 그 땅을 밟아 보고 싶다고 하소연하는 이들의 호소는 그래서 나에게도 아프고 고통스럽게 들린다.

책의 내용은 철저하게 우리 땅 최북단 회령을 중심으로 그 곳 사람들이 어떻게 일상생활을 영위해 왔는지 들려주는 이야기를 그대로 기록하는 것을 목표로 삼았다. 면담을 위해 만났던 회령

i) 북한당국이 제시하는 공식적인 설명은 이와 조금 다르다. 『조선녀성』 2006년 12월호 13쪽에 나오는 “조선지명유래: 회령”은 예전에 오산 또는 회산이라고 부르던 지명을 조선 시대에 회령이라고 고쳐 부르게 된 사연을 설명해 주었다.

출신 북한이탈주민 20명은 주로 1990년 이후 마지막 탈북하는 순간까지 자신이 그 곳에서 어떻게 살았는지 기억을 더듬으며 비교적 담담하게 이야기를 들려주었다.

북한당국이 스스로 인정한 고난의 행군 시기에 사람들이 어떻게 살아남았는지, 배급이 서서히 줄어들었거나 갑자기 끊어지는 일이 발생하면서[ii] 여자들이 어떻게 "땅을 뚜지고 장사를 해서" 식구들을 먹여 살렸는지, 그 동안 장마당 형편이 어떻게 달라졌는지, 한 끼 식량을 확보하기 위해 얼마나 극심한 고통을 겪어야 했는지, 식량을 구하는 것보다 더 처절하고 눈물겹게 땔감을 확보하는 과정은 또 얼마나 고통스럽고 힘이 드는지, 고난의 행군보다 한층 혹독하고 잔혹한 고통을 안겨 준 화폐개혁 당시 장마당의 쌀값이나 강냉이 가격은 얼마나 요동을 치면서 오르내렸는지, 몇 년에 걸쳐 한 푼 한 푼 어렵게 모아 둔 돈을 북한당국의 화폐개혁 조치로 하루아침에 "물로 만들어 버리고" 난 뒤에 그 허망한 상실감이 얼마나 컸는지, 도무지 희망을 찾을 수 없을 만

ii) 회령 출신 북한이탈주민 20명의 이야기를 정리해 보면 사람에 따라 식량배급이 끊어진 시기가 언제인지 다른 기억을 지니고 있었다. 어떤 사람은 이미 1980년대 말엽부터 서서히 식량공급에 문제가 생기기 시작했다고 말하는데 다른 사람은 그래도 1994년 김일성의 죽음을 전후한 기간까지 배급 일정에 맞추어 식량을 주기는 했었다고 증언한다. 그렇지만 1995년 이후 2-3년 기간에는 일반주민에게 배급하던 식량공급이 "정말 딱 끊어졌다" 하고 인정한다는 점에서는 이들의 이야기에 공통점이 나타난다. 연령과 성별, 교육수준, 직업별 분포와 관계없이 이런 진술이 공통적으로 등장하는 사실을 보면 그 당시 북한주민이 겪어야 했던 식량 위기는 아주 심각한 상황이었던 것이 분명하다. 심지어 이 시기에도 남들과 다르게 식량 배급을 받았던 사람들 역시 자신의 경우에는 "직업이 좋아서, 직장이 좋아서" 예외적으로 공급을 받았을 뿐이며 일반주민은 그저 장마당에 나가서 사먹거나 얻어먹는 것 이외에 달리 방법이 없어 많이 굶어 죽었다는 현실을 인정한다.

큼 힘겨운 좌절과 고통의 시간을 어떻게 참고 견뎌냈는지, 눈물과 하소연으로 들려주는 이들의 이야기는 그 자체로 하나의 완결성을 지니는 장엄한 대서사로 다가왔다.

이들의 이야기를 듣고 또 듣는 과정에서 나 스스로 많은 변화를 겪었다. 처음에는 이 사람들이 정확한 숫자를 기억하지 못하고 사건의 전후 관계를 혼동하는 현실이 답답했다. 그래서 적극적으로 이들의 오류를 지적하고 나서는 일이 적지 않았다. 간혹 이야기를 하던 사람이 자신의 기억이 정확하지 않았다는 점을 인정할 때 내심 이 분야의 전문가로 자처하고 싶은 마음도 인식의 저변에 자리를 잡고 있었던 것 같다.

그런데 시간이 지나는 동안 점차 내 마음이 변하기 시작했다. 그저 이들이 들려주는 이야기를 듣고 싶었다. 숫자가 좀 다르면 어떤가? 연도를 혼동한다 해도 그게 무슨 큰일이라도 된다는 말인가? 이들이 사건의 전후관계를 혼동하면 나중에 그 순서를 바로 잡으면 될 일이 아닌가? 그냥 이들이 말하는 내용을 듣고 그대로 기록해서 보관한다면 이 문서는 과연 자료로서 가치가 없다고 할 수 있는 것인가? 점차 이런 생각이 의식세계를 지배하기 시작했다.

그때부터 면담을 시작할 때 먼저 그 사람이 살아온 과정에서 꼭 확인해야 하는 기본적 사실관계를 확인하는 단계를 거치고 난 다음부터 단순히 이들의 이야기를 듣는 일에 집중하기 위해 노력했다. 이야기를 들으면서 20명의 응답자가 각자 한 사람씩 자신이 회령에서 보낸 시간을 어떻게 회상하고 있는지, 이들의 마음 속 깊은 곳에 남아 있는 잔상은 지나 온 시간을 어떻게 묘사하고 싶어 하는지, 기억의 밑바닥에 드리운 그림자를 고스란히 되살리는 일에 최대한 매달려 보았다. 그리고 이들의 목소리를 최대한 기록으로 남기려고 노력했다.

그런 의미에서 이 책은 객관적 사실 확인을 거쳐 사회과학적 논증을 하는 것을 궁극의 목표로 삼지 않았다는 점을 기억해 둘 필요가 있다. 그저 온전히 회령 출신 북한이탈주민 20명이 고향에서 어떻게 살았는지 이야기하는 내용을 세밀하게 포착하여 치밀한 묘사로 세상에 전하고자 했다.[iii)]

솔직하게 고백하자면 이 책의 내용이 치밀한 묘사의 요건을 충분히 갖추고 있는지 나 스스로 확신할 수 없다. 책을 내 놓으면서 독자들 앞에 자부할 수 있는 것은 단 하나 뿐이다. 반드시 기록해 두어야 할 내용을 놓치지 않으려고 면담을 진행하는 동안에는 긴장 상태를 계속 유지하려고 노력했다. 물론 면담 대상자의 이야기를 듣는 과정에서 간혹 자신에게 유리한 방향으로 서술하려 애쓰는 사람이 나타나기도 했다. 이런 사람들이 자신의 기억 속 이야기를 조합해서 나름대로 각색한 “사실을” 만들어 내려고 다양한 수단을 동원하는 모습을 포착할 때에도 일단 이야기를 들으면서 최대한 기록을 충실하게 남기는 일에 몰두했다.

---

iii) 굳이 방법론이라는 개념을 동원하여 설명하고 싶지는 않다. 다만 이들의 이야기를 듣는 동안 클리포드 기어츠(Clifford Geertz)가 *The Interpretation of Cultures* (1973)에서 제시한 치밀한 묘사 (thick description) 개념을 염두에 둔 채 한 마디도 놓치지 않으려고 노력했다는 점은 밝혀 두고 싶다.

면담 대상자와 이야기를 주고받는 과정에서 때때로 부족하고 아쉽다 하는 느낌이 치밀어 오르는 순간이 전혀 없었던 것은 아니다. 오히려 그런 순간이 수없이 찾아 들어 나를 괴롭히는 것이 탈이었다. 면담을 하는 순간에도 딱 한 번만 더 물어보고 싶다는 욕구가 불쑥불쑥 치밀어 오르는가 하면 나중에 다시 돌이켜 볼 때에도 이야기하는 과정에서 조금이라도 더 완성도를 높일 수 있는 방법이 정말 없었을까 골몰하느라 머리가 아픈 순간도 여러 번 경험했다. 순간순간 욕심이 머리끝까지 차오를 때, 잠깐씩 이성이 마비되어 버릴 정도로 정확한 이야기에 집착하는 자신의 모습을 발견하고 새삼 놀라움을 느끼게 되는 경우도 많았다.

그럼에도 불구하고 이번에는 딱 이 정도까지, 이 책에서 언급한 내용을 공개하는 수준에서 멈추었던 것이 올바른 판단이라는 결론을 내렸다. 그리고 이 생각에는 아직 변함이 없다. 지금보다 더 많은 이야기를 세상에 공개하려면 앞으로 최대한 시간과 노력을 동원하여 빈틈을 채워 보완해야 할 부분이 남아 있다. 앞으로 사실의 전후관계를 자세하게 확인해서 오류를 바로 잡아야 할 요소가 구석구석에서 나타난다. 언젠가 기회가 주어졌을 때 아마 피하고 싶어도 그 현실을 피할 수 없으며 운명의 순간을 경험하게 되리라는 사실을 느낌으로 잘 알고 있다.

무엇보다 중요한 일은 자신의 이야기를 들려 준 20명의 회령 출신 북한이탈주민에게 어떤 피해도 가지 않게 조심하겠다고 다짐했던 약속을 성실하게 지키는 것이었다. 이 약속을 지키는 것은 단순한 의무감을 넘어 절대적인 의미를 지닌 일로 나에게 다가왔다. 이들이 겪어야 할 고난이 있다면 내 능력으로 온전히 막을 수 없겠지만 적어도 나로 인해서, 내가 쓴 책으로 인해서 고통을 받는 일은 없도록 막아야 한다는 생각이 강박적으로 의식세계를 짓누르고 있다.

그러면서도 한편으로는 앞으로 기회가 주어지면 이들의 이야기를 보완해서 조금 더 완성도가 높은 책을 세상에 내놓고 싶다는 꿈을 꾸기 시작한다. 회령이 아닌 다른 지역에 살다가 북한을 떠나 대한민국에 정착한 사람들 이야기도 책으로 만들어 세상에 소개하고 싶다는 꿈을 꾸기도 한다. 뿐만 아니라 북한을 떠난 뒤 이런저런 사연으로 제3국에 머물러 있거나 이미 정착했던 대한민국을 떠나 다른 나라로 옮겨 간 사람들 이야기도 정리해서 책이나 논문으로 발표하고 싶다는 욕심이 솟구쳐 오르는 것을 새삼스럽게 느낄 때도 많다.

책을 읽어가는 동안, 독자 여러분은 우리말 맞춤법에 맞지 않는 표기 방식을 따르는 사례를 곳곳에서 발견하실 것이다. 이렇게 거북한 사례를 그냥 수용하는 경우는 크게 두 가지 유형으로 구분할 수 있겠다.

첫째, 이야기를 들려 준 회령 출신 북한이탈주민 20명의 발언을 직접 소개하고 싶은 경우에 우리말 맞춤법보다 이들의 발언을 그대로 표기하는 방식을 따랐다. 간혹 따옴표 안에 등장하는 이들의 발언이 낯설게 들린다고 해도 말하는 사람이 자신의 이야기를 털어 놓는 순간의 감정과 분위기를 그대로 전달하려면 그 편이 더 옳은 일이라고 판단했기 때문에 이 방식을 선택했다.

둘째, 북한당국이 발행한 자료에 등장하는 여러 표현을 인용할 때 따옴표 안에서는 그들의 표기 방식을 그대로 옮겨 놓았다. 특히 김정숙과 김일성, 김정일, 김정은 등 북한당국이 극존칭을 사용하는 인물을 불가피하게 이야기 속에서 언급해야 하는 경우에는 그들의 관습을 소개하는 것도 필요하지만 책을 쓰는 사람인 내가 절대로 그런 호칭에 동의할 수 없다는 사실을 적나라하게 드러내는 방법이 무엇인지 생각하고 생각하고 또 생각해 보았다. 결국 아무리 연구해 보아도 따옴표를 통해 그들과 나의 언어 습관을 구분하는 방안 이외에 달리 적절한 대안을 찾을 수 없어 이 방법을 활용하는 것으로 결론을 내렸다.

처음 이 책을 기획하는 단계에서는 가능하면 각주도 쓰지 않고 학술용어도 사용하지 않으려고 노력했다. 용감하게도 독자들이 쉽게 읽을 수 있는 책을 만드는 것을 기본적인 목표로 삼았다. 그런데 막상 자료를 정리하고 글을 쓰는 과정에서 이런 장치의 도움을 받지 않으면 도무지 책의 내용을 독자에게 전달할 방법을 찾을 수 없다는 사실을 절감하게 되는 경우가 많았다. 결과적으로 이 책은 학술서적보다 사람들이 편안하게 읽을 수 있는 교양서적을 지향하면서도 곳곳에 각주와 학술용어가 튀어나오는 모습으로 만들게 되었다. 이번에 아쉽고 부족한 부분은 다음 기회에 꼭 보완하겠다는 약속을 스스로 다짐한다.

이 책을 쓸 수 있도록 자신의 기억 속 이야기를 들려 준 20명의 회령 출신 북한이탈주민 한 사람, 한 사람에게 가장 먼저 고맙다는 인사를 전하고 싶다. 이들이 들려 준 이야기가 그저 허공으로 흩어지지 않고 이 땅 어느 곳에서 싹을 틔우고 꽃을 피워 아름다운 열매를 10배, 100배, 1,000배로 맺을 것을 소망하고 기도한다.

책이 나오는 과정에서 지도도 그리고 사진도 찍고 원고를 읽고 의견을 내 주느라 고생한 박사과정 학생 김미주에게 고맙다. 글의 전체적인 구성을 바꿔 보는 것이 어떻겠느냐고 의견을 들려 준 동생 김홍석에게도 고마움의 인사를 전하고 싶다. 9년 전 4월 27일, 춥지도 덥지도 않은 날, 햇살이 나뭇잎 끝자락에 닿아 찬란한 빛을 발하던 그 날, 나를 두고 세상을 떠나신 내 어머니, 그 분이 살아서 이 책을 보셨으면 얼마나 좋아하셨을까 하는 생각에 잠시 목이 잠긴다. 그리고 나의 아버지, 평안북도 선천에서 19살 나이로 혼자 피난길에 오르신 뒤 태어나는 순간부터 일방적으로 내 편을 들어주신 그 분에게 감사의 마음을 더 많이 표현할 것을 한 번 더 다짐한다. 마지막으로 이 책을 쓰는데 필요한 자료를 모을 수 있는 기회를 허락해 준 한국연구재단에도 진심으로 고마움의 인사를 전하고자 한다.

목차

들어가는 말

제1장 기억 속 회령 이야기를 들려 준 사람들 ······ 3

제2장 회령 시내 둘러보기 ······ 15

1. 회령천 위 교량: 강안철다리 · 강안줄다리 · 오봉다리 ······ 21
2. 팔을천 위 교량: 금생다리 ······ 26
3. 망양동과 강안동 ······ 27
4. 백청산 ······ 33
5. 칠월팔일동(칠팔동) · 보을동 · 수북동 · 새마을동 ······ 37
6. 역전동 · 성천동 · 오산덕동 ······ 38
7. 산업동 · 동명동 ······ 42
8. 남문동 ······ 44
9. 유선 방향 · 대덕 방향 · 궁심 방향 · 금생 방향 ······ 47

제3장 회령의 양면성: "어머님의 고향 vs. 조선의 홍콩" ······ 53

1. 회령 사람의 긍지감: "김정숙 어머님의 고향" ······ 59
   1) 1970년대 초반, 동상이 들어서기 이전 ······ 61
   2) 1975년대 중반, 동상이 들어서는 무렵 ······ 68
   3) 1980년대 중반, 공사를 재개할 무렵 ······ 72
   4) 2000년대 후반, 김정숙 100돌 준비 ······ 81
2. 회령의 또 다른 얼굴: "조선의 홍콩" ······ 88
   1) 회령: 비법(非法)의 중심 ······ 69
      (1) 마약: 아편 · 얼음 · 빙두 · 아이스 ······ 90
      (2) 불법 돈 장사 ······ 98
      (3) 여자들의 탈북 현상 ······ 107

2) 회령: 외부 추세의 통로 ········ 110
(1) 옷차림과 장신구의 유행 ········ 111
(2) 중기[가전제품]・가구의 유행 ········ 114
(3) 외부 영상・음악의 유행 ········ 117

제4장 회령 사람들 일상생활 이야기 ········ 121
1. 회령을 찾는 외부 손님들 ········ 126
2. 식량배급제도와 생필품 조달 방법 ········ 135
3. 주택과 전기사정 ········ 152
4. 병원과 질병 치료 ········ 167
5. 인민반 생활과 인민반장 ········ 175
6. 남녀관계・결혼과 이혼 ········ 182
7. 식당・목욕탕・숙박업소 ········ 186
1) 식당과 목욕탕 ········ 186
2) 은덕원 ········ 190
3) 숙박업소 ········ 192
8. 회령시 당 책임비서 변천사 ········ 193

제5장 회령 연구의 의미 ········ 201
1. 회령 연구의 의미 ········ 203
1) 회령: 사회주의 기치와 자본주의 황색바람의 충돌 ········ 204
2) 회령: 1975년 이전과 그 이후의 변화 ········ 208
3) 회령: 북한 내부를 들여다 볼 수 있는 창문 ········ 211
4) 회령: 북한이탈주민의 비율이 높은 도시 ········ 212
2. 후속 연구의 꿈 ········ 213

표 · 그림목차

[표 1-1] 이야기를 들려 준 회령 사람 20명 현황 ······ 5
[그림 2-1] 최근 회령 시내 지도 ······ 16
[그림 2-2] 망양동과 강안동 지도 ······ 30
[그림 2-3] 역전동 · 성천동 · 오산덕동 지도 ······ 39
[그림 2-4] 산업동 · 동명동 지도 ······ 43
[그림 2-5] 남문동 지도 ······ 46

사진목차

[사진 2-1] 중국 싼허(삼합) 지역에서 관찰한 회령 ······ 22
[사진 2-2] 강안철다리와 강안줄다리 ······ 23
[사진 2-3] 오봉다리 ······ 25
[사진 2-4] 망양동 ······ 31
[사진 2-5] 회령제지공장 ······ 32
[사진 2-6] 초소 ······ 32
[사진 2-7] 백청산 ······ 34
[사진 3-1] 회령에 대한 노래 ······ 55
[사진 3-2] 군복입은 김정숙 동상 ······ 69
[사진 3-3] 김정숙 생가 ······ 73
[사진 3-4] 화폐개혁 이전에 사용하던 북한 돈 ······ 102
[사진 3-5] 화폐개혁 이후에 새로 발행한 북한 돈 ······ 103
[사진 4-1] 대한민국 지원물품 : 황해도 송림항에 쌓아 둔 쌀 ······ 127
[사진 4-2] 대한민국 지원물품 : 함경북도 청진항에 쌓아 둔 쌀 ······ 128
[사진 4-3] 청진시 송향식량공급소 출입문 ······ 141
[사진 4-4] 청진시 송향식량공급소 내부 ······ 142
[사진 4-5] 아파트 상단에 일심단결 구호판이 있는 모습 ······ 164
[사진 4-6] 개성 시내 아파트 단지 ······ 165
[사진 4-7] 병원 내 청사 안내도 ······ 169
[사진 4-8] 병원 입구의 환자 명단 ······ 170
[사진 4-9] 산부인과 내 자체 제작한 인큐베이터 ······ 171
[사진 4-10] 병원 내 진료 담당과 구분 현황 ······ 171
[사진 4-11] 식염수 보관 현황 ······ 173

제1장

기억 속 회령 이야기를 들려 준 사람들

제1장. 기억 속 회령 이야기를 들려 준 사람들

이 책을 쓰면서 "태를 묻은" 고향을 떠나 탈북 과정을 거쳐 대한민국에 정착한 회령 사람 20명이 들려주는 기억 속 이야기를 되도록 가공하지 않은 날 것 그대로 정리하고자 했다. 때때로 낯설고 그 의미를 알아듣기 힘든 단어나 상황이 등장해도 굳이 나에게 친숙한 표현으로 바꾸어 글을 매끄럽게 다듬으려 하지 않았다.

무엇보다 이들이 쏟아내는 이야기를 회령에 살아 본 경험이 없는 내 취향에 맞추어 가공하는 작업을 하고 싶지 않았다. 이들의 이야기를 내 기준에 맞추어 잘라내고 오려내는 행위는 오랫동안 기억 속에 묻어두었던 웃음과 울음을 한숨과 안타까움으로 쏟아내던 20명이 거쳐 온 삶에 대한 예의가 아니라는 생각이 내 의식의 밑바닥을 지배하고 있었다.

2010년 말 이후 2년 이상 회령 사람 20명이 털어놓은 이야기를 정리하면서 점점 마음이 조급해졌다. 이들의 이야기를 당장 기록으로 남겨 두지 않으면 금방 연기처럼 사라져버릴 것 같아 마음이 불안했다. 비록 어설픈 형태라고 해도 기록을 남겨 놓지 않는다면 훗날 누가 있어 이들이 우리 땅 최북단 회령에서 아프고 괴롭고 슬프고 즐겁고 기쁘고 뿌듯한 긍지감을 느끼며 생활했던 세월을 겪었다는 사실을 기억해 줄 것인가? 오늘날 북한의 출판물에서 전혀 언급하지도 않은 이들의 생생한 체험담은 누구라도 일단 기록해 두어야 할 일이라는 절박함이 치밀어 올랐다. 덕분에 이 책은 아직 준비가 충분한 상태가 아니라고 하더라도 일단 세상에 내놓아야 한다는 논리가 내 마음 속 망설임을 눌러버리는 위력을 발휘했다.

무엇보다 아쉽고 안타까운 일은 지금의 현실에서 자신의 기억 속 이야기를 들려 준 회령 사람 20명이 누구인지 정확하게 밝힐 수 없다는 점이다. 그보다는 오히려 이들이 누구인지 정확하게 밝히는 것을 허용할 수 없는 상황이었다고 표현해야 하는 일인지도 모르겠다. 지금 상황에서는 누구네 집에 특이한 가정집물로 피아노가 있었다고 하거나 어린 시절에 아버지 직업이 무엇인지 언급하는 수준의 별 것 아닌 정보만 가져도 이야기를 들려 준 사람의 신원을 구체적으로 찾아낼 가능성이 분명히 존재한다는 사실을 인정할 수밖에 없다. 그래서 더 걱정이 되는 일은 소소한 정보 때문에 누군가 피해를 볼 수 있는 현실의 엄중한 상황이었다. 결과적으로 이 책에서는 회령 사람 20명의 신원을 최소한으로 공개하는 수준에서 멈추려 한다. 하루속히 이들의 신원을 명확하게 밝힌 채 이 책에서 다 하지 못했던 이야기도 시원하게 드러내는 날이 왔으면 좋겠다. [표 1]에서 이야기를 들려 준 20명이 누구인지 간략하게 소개해 두었다.

[표 1-1] 이야기를 들려 준 회령 사람 20명 현황

사례 번호	성별	탈북 시기	북한 학력	사례 번호	성별	탈북 시기	북한 학력
김규철	남	2007	고등중졸	윤세평	남	2010	고등중졸
김세익	남	2008	고등중졸	윤진덕	여	2010	고등중졸
김안전	남	2004	대졸	장영일	남	2009	고등중졸
김인선	여	2010	고등중졸	전성애	여	1997	고등중졸
김정신	여	2008	전문대졸	정혜봉	남	2008	대졸
김현숙	여	2010	고등중졸	최성이	여	2000	대졸
라은향	여	2007	대졸	최옥란	여	2007	대졸
리경훈	남	2011	전문대졸	최일화	여	2007	고등중졸
박승극	남	2010	고등중졸	홍봉덕	남	2009	고등중졸
박찬문	남	2011	전문대졸	황정연	여	2003	고등중졸

자신의 기억 속에 남아 있는 회령 이야기를 기꺼이 들려 준 20명은 남성 10명과 여성 10명으로 성별 균형을 이룬다. 여성과 남성의 숫자를 맞추려고 인위적인 노력을 기울인 일이 한 번도 없었는데 결과적으로 그 비율이 50:50으로 균형을 이룬 사실이 반갑다.

20명 중에서 2010년 이후에 북한을 떠난 사람은 7명에 이르고 2007년-2009년 사이에 탈북한 사람은 9명을 기록했다. 회령 이야기를 들려 준 사람 20명 중에서 무려 80%에 달하는 16명이 2007년 이후에 북한을 떠났다는 사실은 이 책의 내용이 최근 상황을 잘 반영하고 있다는 점을 짐작하게 해 준다.

이야기를 들려 준 20명 중에서 대학을 졸업하고 직장 생활을 하다가 탈북한 사람은 5명이었다. 대학 졸업자 5명은 대체로 교육 분야에 종사하다가 탈북한 사람이 많았다. 전문대학을 졸업한 사람은 3명 있었는데 이들은 각각 운수 부문과 철도 부문, 기계 부문에서 직장 생활을 하다가 북한을 떠났다. 나머지 12명 중에서 10명은 중학교(고등중학교)[1] 졸업 이후 직장에 다닌 경험이 있었지만 2명은 학생 시절에 북한을 떠났기 때문에 회령에서 사회생활을 해 보지 못했다고 말했다.

---

1) 북한당국은 2002년 9월을 기준으로 그동안 인민학교라고 부르던 공교육의 초등 과정을 소학교로, 중등 과정에 해당하는 고등중학교를 중학교로 그 명칭을 변경하였다. 그렇기 때문에 자신의 경험을 이야기하면서 20명의 북한이탈주민은 학교 명칭을 혼용하여 사용하는 경우가 많았다. 이 책에서는 이야기를 들려주는 사람이 사용하는 명칭을 그대로 따르는 것을 원칙으로 삼았다.

중학교(고등중학교) 졸업 이후 직장 생활을 했던 사람들은 주로 장사를 하면서 다양한 경험을 했다고 이야기해 주었다. 군대 제대 이후 다른 직업을 거치지 않고 바로 장사에 뛰어들어 그 분야에 전념한 사람이 있는가 하면 다른 일을 하다가 장사를 시작하는 경우도 많았다. 기중기 운전을 하다가 장사를 시작했다고 하거나 공장에 "적을 걸어 둔 채" 장사로 돈을 벌어[2] 나중에 기업소 자재 인수원을 하면서 나름대로 막대한 규모의 재산을 일구었다고 주장하는 사람도 있었다. 드물지만 체육 분야 종사자도 등장한다.

전체적으로 20명 중에서 전문대학 졸업자와 대학 졸업자보다 중학교(고등중학교) 졸업자 집단에서 장사에 전념하는 비율이 높은 것으로 나타났다. 이런 현상이 북한 전역에서 보편적으로 나타나는지 여부는 아직 판단하기 어렵다. 다만 이번에 만났던 20명 중에서 대학 졸업자가 장사에 적극적으로 개입하지 않았던 이유는 교육 분야 종사자가 많았기 때문이었을 것으로 짐작한다. 면담 과정에서 관찰해 보면 북한에서 교사와 교육 분야 종사자는 스스로 장사하는 것을 "천하고 부끄러운" 일로 여기는 경향을

---

2) 고난의 행군기 이후에는 공장이나 기업소에 "적을 걸어 둔 채" 실제로 출근은 하지 않으면서 장사를 목적으로 이곳저곳을 돌아다니는 사람들이 많았던 것으로 나타난다. 이들은 "적을 걸어두는" 대신 이른바 8·3돈이라는 명칭으로 일정한 금액을 공장이나 기업소에 내고 "시간을 받아" 마음대로 돌아다니면서 장사를 한다. 공식적으로 실업자는 한 사람도 없이 모두 직장에 배치를 받는 북한에서 고난의 행군기 이후에는 공장이나 기업소는 원료와 자재가 바닥이 나서 돌아가지 않는 일이 많았다. 이런 상황에서 개별 공장이나 기업소는 월별·분기별·연간 생산목표를 달성하느라 소속 노동자에게 8·3돈을 받고 대신 자유롭게 돌아다닐 신분과 시간을 확보해 주는 방식으로 대처해 왔다.

강하게 드러내는 경우가 많았다. 게다가 북한당국에서 교육 분야 종사자가 며칠씩 자리를 비우고 장사를 다니는 행위를 다른 직종에서 일하는 사람보다 더 엄격하게 단속했던 결과도 영향을 미쳤을 것이다.

전체 20명 중에서 20세 이하 청소년은 한 명 있었고 20대 청년층 남녀가 4명이었다. 그 이외에는 40대·50대 장년층 인원이 9명으로 비교적 많은 것으로 나타난다. 최고령자는 70대 중반을 기록하고 있다.

20명이 들려 준 이야기를 책으로 정리하면서 이 사람들 호칭을 어떻게 정리해야 하는지 내내 고민이었다. 실명을 밝힐 수 없다는 것은 분명한 일이지만 그렇다고 해서 사례 1·사례 2·사례 3으로 호칭하는 것도 마음에 들지 않았다. 생각하고 또 생각하다가 선택한 방법이 결국 이 사람들 각자가 회령에서 비교적 오래 살았던 동네 이름을 활용하는 방안을 떠올렸다. 썩 흡족하지는 않지만 그래도 지금까지 생각해 낸 다른 대안보다는 낫다는 느낌이 들어서 사용하려 했으나 그것도 이들의 개인정보를 유출하는 단서가 될까 염려하는 마음이 들어 포기했다. 그리고 또 다른 방식을 찾아서 방황하기 시작했다.

어느 순간에 문득 조정래의 소설 『태백산맥』 등장인물 이름을 활용해 보고 싶다는 생각이 들었다. 『태백산맥』·『아리랑』·『한강』 등으로 이어지는 조정래 작품을 읽을 때마다 그 재미있는 이야기 속에 빠져들면서도 한편으로 다소 편파적인 서술을 하는 것 같다는 느낌이 드는 경우가 많았다. 특히 『태백산맥』을 읽을 때마다 나는 등장인물의 분포에 대해 풀리지 않는 의문이 들었다. 그 중에서도 성실하고 책임감 강하고 인간성 좋은 주인공은 늘 북한에 호의적이거나 충성을 다 바치는 인물로 묘사하는 반면 그 대척점에는 은혜를 원수로 갚고 망나니짓을 하다가도 해방 이후 대한민국에서 독립투사 행세를 하는 사람을 설정해 두는 이유가 무엇인지 작가의 이야기를 직접 들어보고 싶었다. 기회가 주어지면 우리 시대의 이야기를 소설로 풀어내는 대표적인 작가 조정래를 상대로 과감하게 공개질의서라도 보내고 싶은 심정이 들었다.

그런데 20명의 회령 사람들 명칭을 고민하던 어느 순간에 이들의 이야기를 토대로 작가 조정래가 소설을 쓴다면 어떤 작품이 나오게 될 것인지 궁금해졌다. 소설 『태백산맥』 속 등장인물을 통해 북한정권에 충성을 다 바치는 사람을 아름답게 묘사했던 작가 조정래에게 북한정권 때문에 고통을 겪은 20명의 경험담은 어떤 의미로 다가갈 것인가 자못 궁금한 일이 아닐 수 없다. 그런 의미에서 이 책에 등장하는 20명에게 『태백산맥』 속 주요 인물의 이름을 부여한 채 각자의 이야기를 작가 조정래에게 들려주고 싶다는 생각을 하게 되었다.

그런데 태백산맥 문학관 홈페이지를 방문해서 “태백산맥 속 주인공들” 이름을 확인해 보니 그것도 안 될 일이라는 깨달음을 얻었다. 작가 조정래의 소설 『태백산맥』 속 등장인물을 잘 살펴보면 중요한 역할은 절대 여성이 맡지 않는다는 사실을 알 수 있다. 그리고 등장인물로 나오는 여성의 숫자 자체가 남성에 비해 훨씬 적다. 뿐만 아니라 여성이 등장인물로 나온다고 해도 작가 조정래가 그 사람에게 제대로 이름을 부여해 주는 경우는 더 드물었다.

태백산맥 문학관 홈페이지를 방문해 보면 "권영민 교수의 「태백산맥」 다시 읽기 중"이라는 글이 나온다. 이 글을 토대로 다시 한 번 『태백산맥』 속 등장인물 중에서 여성을 구분해 보니 작가가 이름을 제대로 부여한 경우가 그리 많지 않았다는 것을 알 수 있다. 작가 조정래가 여성 등장인물을 위해 그 사람의 성과 이름을 만들어 준 경우는 김미선·도라지·심민자·송경희·주미령·이지숙·이옥주·문정님·김혜자·강경애 등 총 10명 수준에 불과한 상황이었다. 그 이외에 소설 속 줄거리를 토대로 끼워 맞춰 보면 윤부자와 송씨의 셋째딸 말자, 염상진의 여덟살 된 딸 덕순의 경우에는 여성이지만 등장인물의 성과 이름을 확인할 수 있는 정도라 하겠다.

『태백산맥』 속 등장인물 중에 여성이 나올 때 작가 조정래는 ○○댁이라는 택호를 가장 많이 사용하고 있었다. 구룡댁·과수원댁·감골댁·가실댁·밤골댁·초지댁·녹동댁·남양댁·낙안댁·나주댁·목포댁·목골댁 등 여성이 등장할 경우에는 대부분 택호를 통해 그 사람의 이름을 대신했던 것으로 나타난다. 그 이외에 소화·월녀·영자·숙향·화자·춘매 등 이름인지 예명인지 확실하지 않은 사례가 나오고 신씨·송씨·이씨 부인과 같이 여성의 성씨만 밝혀 둔 등장인물도 몇 사람 있었다.

이 과정을 거치면서 회령 이야기를 들려준 여성 10명의 이름을 『태백산맥』 속 등장인물 이름으로 채우는 것은 그다지 바람직한 일이 아니라는 결론을 내렸다. 2010년 9월 이후 시작한 면담 과정은 지금도 계속하는 중이고 앞으로도 몇 년 동안 더 이어질 것을 강력하게 희망하고 있다. 그렇게 하다 보면 회령 출신 북한이탈주민 여성을 10명-12명 만나고 그치게 될 일도 아닌데 고작 12명의 여자 이름에 의존하여 『태백산맥』 속 등장인물을 활용한다면 앞으로 이 책을 보완하거나 완전히 새로 쓸 때, 회령이 아닌 다른 지역을 대상으로 북한주민의 일상생활 현황을 글로 표현하려 할 때 난감할 것이라는 생각이 들었다.

그 상태에서 다시 이런저런 생각을 하다가 북한 유일의 여성잡지 『조선녀성』[3] 기자의 이름을 활용할 것을 결정하였다. 20명의 회령 사람을 비롯한 북한이탈주민도 그렇지만 신문이나 잡지·방송을 통해 접하게 되는 북한주민의 이름에는 그 특유의 분위기가 감돈다. 이 분위기를 살리려면 북한당국이 발행하는 신문이나 잡지에 등장하는 사람들 이름을 성별에 따라 구분한 뒤 회령

3) 『조선녀성』 창간호는 1946년 9월에 월간지 형태로 나왔다. 1982년 6월 이후 2000년 12월에 이르는 기간 동안에는 격월간지로 발간 형태를 바꾸어 연간 6회 출판하였으나 2001년 1월 이후 다시 월간지로 바꾸어 현재까지 그 형식을 유지하고 있다. 북한 내 유일한 여성잡지 『조선녀성』는 창간 이후 북한당국이 여성에게 전달하고자 하는 메시지가 무엇인지 전달하는 기능을 수행해 왔다.

이야기를 들려 준 20명을 구분하는 명칭으로 활용하는 것이 좋겠다는 결론에 이르게 되었다. 그래서 이 책에 등장하는 20명의 회령 사람에게 『조선녀성』에 등장하는 남녀기자의 이름 20개를 연결해 놓았던 것이다.

이야기를 들려 준 20명 중에 회령을 벗어난 지역에서 비교적 장기간에 걸쳐 시간을 보낸 사람들이 많았다. 학교를 다니거나 군대생활을 하기도 하고 장사를 하거나 직장을 옮기느라 다른 지역 상황을 경험하게 되는 것이다. 그렇지만 이 책에서는 회령 이외의 지역에서 경험한 내용을 자세히 기록하려 하지 않았다. 훗날 기회가 된다면 회령이 아닌 다른 지역 이야기도 기록한 책을 만들어 내고 싶다.

제2장

회령 시내 둘러보기

1. 회령천 위 교량: 강안철다리 · 강안줄다리 · 오봉다리
2. 팔을천 위 교량: 금생다리
3. 망양동과 강안동
4. 백청산
5. 칠월팔일동(칠팔동) · 보을동 · 수북동 · 새마을동
6. 역전동 · 성천동 · 오산덕동
7. 산업동 · 동명동
8. 남문동
9. 유선 방향 · 대덕 방향 · 궁심 방향 · 금생 방향

제2장. 회령 시내 둘러보기

이 책에 필요한 자료를 수집하는 과정에서 기꺼이 기억 속에 남아 있는 이야기를 들려 준 20명은 하나같이 회령을 소개할 때 시내의 범위는 회령호텔 자리에서 끝난다는 점을 강조했다. 회령호텔을 벗어나면 더 이상 회령 시내로 볼 수 없고 그저 청진 나가는 길이라고 해야 한다는 것이 이들의 설명이었다. 좀 더 명확하게 구분하는 사람은 두만강과 바로 맞닿아 있는 망양동과 강안동을 시내의 범위에서 제외하기도 했다. 이런 사람들은 회령 시내의 범위를 말할 때 흔히 역전이라 부르는 회령역 앞에서 회령호텔까지 이어지는 기본 도로를 중심으로 그 양옆에 늘어선 건물과 주변 지역을 포함하는 의미로 한정해 주었다.

[그림 2-1]은 회령 사람이 생각하는 회령 시내의 범위에 어느 지점부터 어느 지점까지 포함하고 있는지 잘 나타내 준다. 이 그림은 두만강 건너편 중국의 싼허(삼합) 지역에서 회령을 바라볼 때 펼쳐지는 광경을 그려 본 것이다. 물론 2013년 2월 말, 몰아치는 칼바람을 뚫고 미처 공사도 다 끝나지 않은 싼허의 망강각(望江閣) 전망대에서 회령을 바라보았을 때 [그림 2-1]처럼 회령호텔까지 확인할 수 있는 상황은 아니었다.

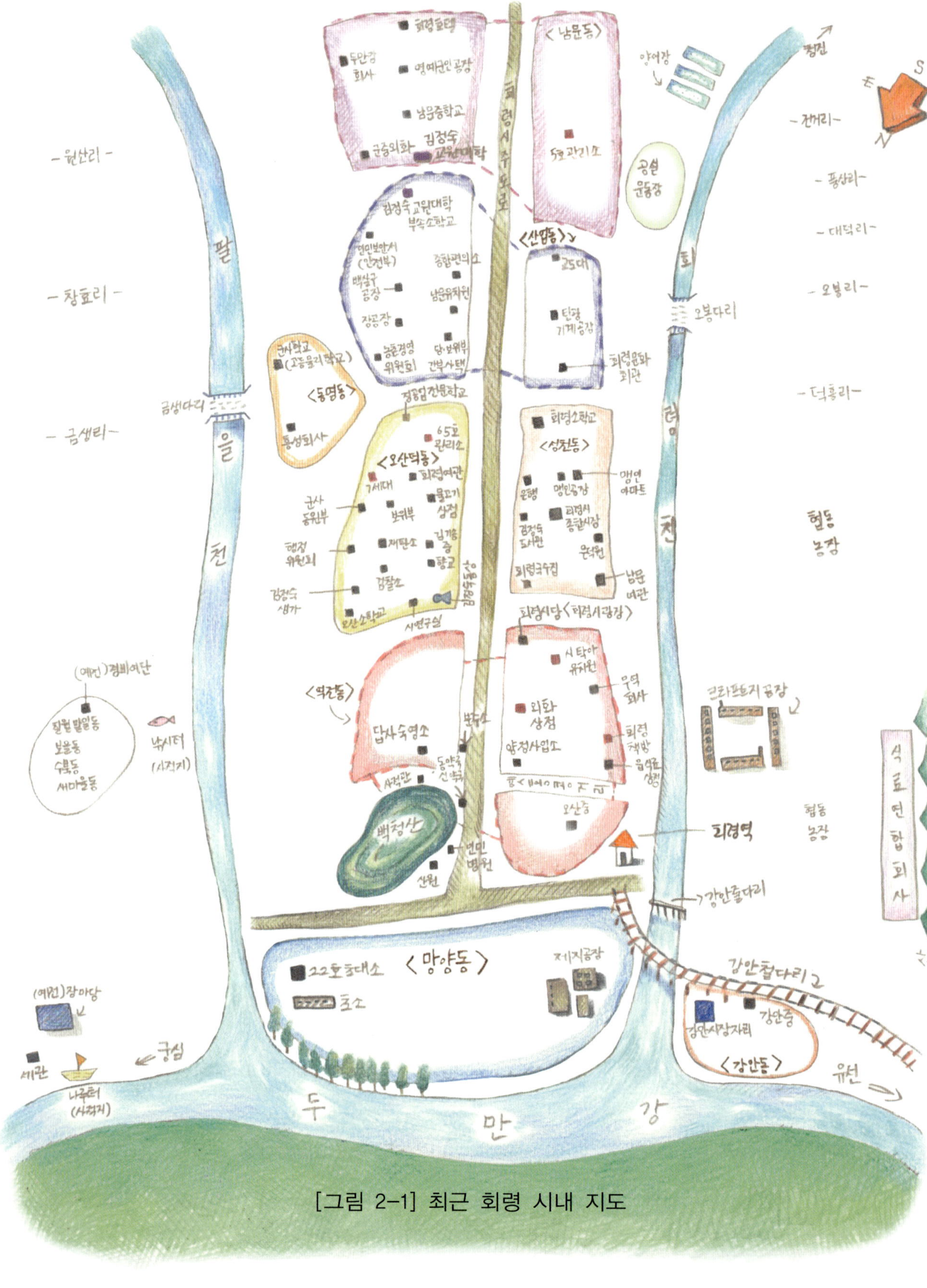

[그림 2-1] 최근 회령 시내 지도

[그림 2-1]보다 [사진 2-1] 전경이 싼허의 망강각(望江閣) 전망대에서 보이는 장면을 잘 드러내 준다. 2013년 2월에 직접 찍어 온 [사진 2-1]을 관찰해 보면 두만강 넘어 회령 모습이 다 보이는 것은 아니다. 두만강과 인접한 망양동과 강안동, 역전동을 중심으로 회령천 건너편에 위치한 크라프트지 공장과 주변에 널리 펼쳐진 평야의 전경, 유선 방면으로 가는 길 산 아래에 2급 기업소인 식료연합회사가[4] 있다는 사실을 확인하는 수준에 불과하다. 싼허의 망강각 전망대에서 회령 방면을 내려다보면 망양동 뒤편으로 백청산이 시야를 가로 막고 있었기 때문에 시내 전경을 제대로 확인할 수 없는 상황이었던 것이다. 백청산 자체가 산세가 그렇게 험하거나 높은 산이 아니고 그저 조그마한 언덕처럼 보이지만 싼허에서 회령 시내를 조망하려면 정면에서 시야를 막아주는 가림막 역할을 확실하게 하고 있는 셈이었다.

결국 [사진 2-1]에서 직접 확인한 장면과 구글에서 제공하는 위성사진 정보를 토대로 약간의 상상력을 발휘하여 [그림 2-1]을 그릴 수밖에 없었다. [그림 2-1]을 작성할 때 20명 중에서 회령 출신으로 시내에서 오랫동안 살다가 탈북했다는 사람들 도움을 받아 공장이나 기업소・학교・행정기관 등 다양한 건물의 구체적인 명칭과 동네 이름을 확인하는 작업을 거쳤다.

---

4) 북한당국이 직접 관장하는 기업소는 그 규모와 생산품의 중요도에 따라 특급・1급・2급으로 분류하고 간부 사업도 중앙에서 맡는다. 2급 기업소보다 작은 규모의 기업소는 지방 산업으로 분류한다. 회령에서는 식료연합회사가 2급 기업소로 중앙에서 직접 관리하는 유일한 곳이다.

[사진 2-1] 중국 싼허(삼합) 지역에서 관찰한 회령

← 궁심방향

유선방향 →

2002년 기준으로 행정적인 의미에서 회령시에 속하는 지역은 모두 19개 동·28개 리로 이루어져 있다.[5] 그러나 면담 대상자 20명이 서술하는 회령 시내의 범위는 중국의 싼허 지역에서 건너다 볼 때 왼쪽의 팔을천과 오른쪽 회령천 사이에 자리를 잡은 기본 도로를 기준으로 그 주변 지역을 포함하는 수준에 머물러 있다.

회령천을 기준으로 설명한다면 그 왼쪽에 위치한 역전동과 성천동은 시내 중심에 해당하지만 오른쪽에는 협동농장에서 관리하는 평야가 넓게 펼쳐져 있을 뿐이다. 만약 회령천 오른쪽으로 크라프트지 공장이나 멀찍이 산 아래 자리를 잡고 있는 식료연합회사도 없었다면 눈앞에 펼쳐지는 협동농장 부지가 그저 허허벌판으로 보였을 것이다.

한편 백청산을 기준으로 팔을천 넘어 자리를 잡고 있는 칠월팔일동이나 보을동·수북동·새마을동 지역은 행정구역 상 회령시에 들어가지만 면담 대상자 중에서 "시내 중심에 살다가" 탈북한 사람들은 "그 동네에는 한 번도 가 본 일이 없다." 한 번도 가 본 일이 없는 이유를 질문하자 이들은 "그 동네에 뭐가 있다고 가겠느냐, 갈 일이 없다" 하고 단호하게 말했다. "여기 한국처럼 차를 타는 것도 아니고 걸어 다녀야 하는데 특별히 볼 것도 없는 그 동네에 뭐하러 가겠느냐" 하는 것이 이들의 의견이었다. 이제 회령 시내 곳곳을 자세하게 들여다보겠다.

---

5) 북한지역정보넷 (www.cybernk.net) → 함경북도

1. 회령천 위 교량: 강안철다리 · 강안줄다리 · 오봉다리

회령천 오른쪽에서 그나마 사람이 많이 사는 지역을 고른다면 두만강 강변에 위치한 강안동을 꼽을 수 있다. 강안동에는 한때 강안시장이 있어 나름대로 흥성거렸지만 지금은 그나마 시장도 성천중학교 자리로 옮겨 가고 없는 실정이다.[6] 그래도 이 동네에는 강안중학교가 있어서 회령천 오른쪽에서는 그럭저럭 사람들이 몰려드는 지역이다.

회령 시내 중심에서 회령천을 넘어서 강안동으로 가려고 하면 강안철다리 옆 "두 사람이 간신히 비켜 지나갈 정도 넓이의 강안줄다리를 걸어서 건너야 하는 것이" 큰 걱정거리였다고 지적하는 사람이 많았다. 줄다리 위에 올라가면 발밑에 놓인 나무판 곳곳이 부서져서 허공이 다 내려다보이는 실정이니 그 위를 걸어서 회령천을 건너는 것은 정말 무서운 일이라고 했다. "그나마 낮에는 좀 낫지만 해가 떨어진 뒤 주변이 어두워진 다음에" 아무도 줄다리에 올라서려고 하지 않는다고 이들은 말했다.

[사진 2-2]에서 보면 철다리 뒷편으로 줄다리가 보여야 하는데 사진 속에서는 선명하게 드러나지 않아서 잘 구분하기 어려운 상황이다. 어쨌든 사람들은 대부분 "열차가 별로 다니지 않는" 철

---

6) 원래 회령 시내 시장은 회령읍 식료상점이 있던 읍식료 골목에 골목시장 형태로 있었다. 이 시장에서 「꽃파는 처녀」영화를 찍었다. 1984년 전후하여 오봉다리 근처에 나무 매탁을 마련하고 장터 위에 지붕을 씌운 오봉시장이 생겼다. 이 시장이 강안동으로 옮겨 온 것이 1990년대 초반이다. 강안시장은 2000년대 초반에 성천중학교 자리로 옮겨갔다. 최근에 회령시 종합시장이라고 하면 성천시장을 말한다.

다리 위로 지나다닌다는 것이었다. 철다리를 걸어서 건너는 것은 불법이기도 하고 무엇보다 위험하다는 사실은 누구나 잘 알고 있다. 그러나 막상 줄다리에 올라서면 "흔들림도 심하고 발아래가 곳곳에 뻥 뚫려 있으니까 오금이 저려서" 어쩔 수 없이 불법과 위험을 감수하고 철다리로 회령천을 건너게 되는 것이라고 말하는 사람이 많았다.

원래 강안철다리는 유선탄광에서 생산한 석탄을 기차에 실어 회령 시내로 들여올 목적으로 만든 교량이었다. 그렇기 때문에 석탄을 실은 기차가 수시로 다녔다. 지금은 유선탄광에 "탄이 다 말라서" 그 탄을 실어 나르는 기차도 거의 다니지 않는 실정이라고 했다. 그 이외에는 하루에 한 번 회령에서 유선까지 통근열차를 운행한다. 통근열차는 새벽 6시 반에 회령역에서 출발하면 중간에 영수역을 거쳐 유선역에 도착할 때까지 대략 30분 정도 걸린다. 저녁 6시 반에는 유선역을 떠나 회령으로 돌아오는 열차편이 있었다.

강안동을 제외하면 회령천 오른쪽에서 눈길을 끄는 장소는 크라프트지 공장과 식료연합회사 정도를 꼽을 수 있다. 크라프트지 공장은 1월 17일 공장이라는 이름으로 그 명칭을 변경했음에도 불구하고 회령 사람들은 여전히 "크라・크라 공장" 등으로 부른다고 했다. 식료연합회사는 곡산공장과 담배직장을 합쳐 2급 기업소로 만든 것이 꽤 오래 전 일인데 사람들은 아직도 곡산공장이라는 명칭을 많이 사용하고 있었다.

[사진 2-2] 강안철다리와 강안줄다리

회령 시내 공장이 다 그렇기는 하지만 크라프트지 공장이나 식료연합회사가 사실상 전부 멈춰 있다고 봐야 한다는 것이 20명의 면담 대상자가 주장하는 내용이었다. 다만 식료연합회사는 중앙당 39호실에서 접수한 뒤 4·25농장에서[7] 잎담배를 공급 받아서 군대에 보낼 "하전사용" 필터 없는 담배를 생산하느라[8] 담배직장이 계속 돌아가니까 그나마 다른 곳보다 조금 나은 정도라고 했다.

회령 사람에게 식료연합회사는 특별한 의미를 지니는 곳으로 보인다. 식료연합회사는 김일성이 생전에 몇 차례 방문했고 김정일도 왔던 곳으로 회령을 넘어 함경북도 지역에서 명성을 떨쳐왔다. 강안철다리와 강안줄다리를 제외하면 회령천을 중심으로 회령 시내와 그 건너편을 이어주는 교량을 꼽으라면 오봉다리를 들 수 있다. 그런데 오봉다리는 사실상 김일성이나 김정일이 어쩌다 한 번씩 식료연합회사를 방문하는 일이 있을 때 그들이 안전하게 회령천을 넘어 다닐 목적으로 지은 교량이라는 것이 면담 대상자 대다수가 들려주는 의견이었다.

---

7) 4·25농장은 회령과 온성 사이 창평리에 자리를 잡고 있다. 원래 이 지역의 행정구역 명칭은 행영리였는데 그 자리에 있던 12호 수용소를 다른 곳으로 이전하면서 북한당국이 아예 행영리라는 지명을 없애 버리고 그 근처 마을의 이름인 창평리로 통합했다고 한다. 그런 의미에서 행영리 사람들은 "고향을 잃어 버렸다."

8) 하전사는 북한 군대의 일반병사를 의미한다. 장교를 의미하는 군관에게 공급하는 담배는 "갈매기" 상표를 달고 있지만 하전사에게는 "백승"이나 "해당화"를 준다. 회령 담배가 유명하다는 이야기는 회령 출신이 아닌 사람들도 널리 인정하는 사실이었다. "곡산공장에서 나오는 담배를 한 배낭 매고" 다른 지역에 가면 비싸게 팔 수 있다고 말하는 사람이 꽤 많았다.

[사진 2-3] 오봉다리

이들의 이야기가 결코 과장으로 느껴지지 않는 이유는 [그림 2-1]과 [사진 2-3]을 비교해 보면 선명하게 드러난다. [그림 2-1]과 [사진 2-3]을 세밀하게 관찰해 보면 누군가 회령 시내 중심에서 오봉다리를 건너갔을 때 회령천 오른쪽 방면으로 식료 연합회사 이외의 다른 곳을 목적지로 삼을만한 가능성이 별로 높지 않아 보인다. 한때 회령천에 다리를 더 놓는다는 소문이 돌았지만 그 일이 실제로 일어났던 것은 아니라고 이들은 말해 주었다.

2. 팔을천 위 교량: 금생다리

회령천에는 강안철다리 · 강안줄다리 · 오봉다리 등 교량이 여러 개 있다. 그러나 팔을천의 경우에는 사정이 다르다. 회령 시내에서 팔을천을 건너려면 금생다리를 이용하는 것이 가장 편리하다. 회령 시내 동명동 고등물리학교 근처에서 금생다리를 지나 팔을천을 건너면 곧바로 금생리로 이어진다. 금생다리를 건넌 뒤 팔을천을 따라 금생리 위쪽으로 계속 올라가다 보면 창효리 · 원산리 · 신흥리 순서로 동네가 이어져 나온다.

회령시 주변 지역 중에서 다른 곳과 달리 금생리 · 창효리 · 원산리 · 신흥리 방면은 농촌이지만 비교적 살기 좋은 동네라는 평가를 듣는다. 무엇보다 회령 시내 중심에서 이 방향으로 하루에 한 번씩 버스가 다녀서 교통이 편리했다. 회령역 주변에서 출발한 버스는 금생다리를 지나서 금생리·창효리·원산리·신흥리 관리위원회 앞에서 정차한다.

창효에는 현지교시 단위인 창효닭공장도 있다. 현지교시란 북한사회에서 지금까지 김일성과 김정일이 직접 해당 지역을 방문해서 현장을 둘러보고 교시·말씀을[9] 내려 주었다는 것을 의미하는 용어로 사용하고 있다. 예전에 회령 시내에 거주하는 간부들은 대부분 창효닭공장에서 생산하는 흰달걀을 공급받았다고 한다.

3. 망양동과 강안동

망양동과 강안동은 고난의 행군 이후 꽤 오랫동안 두만강을 건너려는 사람들을 대상으로 "문세를 받아서" 먹고 사는 "문세꾼이 많이 사는" 지역으로 잘 알려져 있었다고 했다. "문세를 받아서 살았다" 하는 말에는 이 지역에 거주하는 주민들이 주로 두만강 강변을 지키는 초소의 군대와 짜고 불법적으로 중국에 가려는 사람을 넘겨주고 그 대가를 받아서 생활을 유지해 왔다는 뜻이 담겨 있다. 그런 맥락에서 볼 때 인신매매를 하거나 밀무역을 하는 사람들이 이 지역에 몰려 살았던 것은 오히려 당연한 귀결이라고 하겠다.

---

9) 북한사회에서 교시란 김일성의 발언을 의미한다. 그리고 말씀이란 김정일의 발언을 의미하는 용어로 사용해 왔다.

면담 대상자 20명의 이야기에 따르면 원래 망양동과 강안동 지역의 살림집은 두만강 강변에 거의 닿을 정도로 가깝게 몰려 있었다고 말한다. 그렇게 두만강을 끼고 아주 가깝게 집이 있으면 중국으로 “비법월경” 하려는 사람을 숨기는 것도 그렇고 남의 눈을 피해서 몰래 강을 건네주는 것도 용이하기 때문에 그 동네 사람 중에 “문세질 해서 먹고 사는 사람이 많았다.” 강안동에 살다 탈북했다고 하는 면담 대상자 한 사람은 실제로 문세꾼 경력을 지니고 있었다고 토로하면서 자신의 경험담을 들려주었다.

그런데 2013년 2월 말에 찍은 [사진 2-1]과 [사진 2-4] 및 [사진 2-6]을 세밀하게 관찰해 보아도 두만강 강변 방면으로 민가가 밀집해 있는 지역은 찾을 수 없다. 민가는 거의 보이지 않고 그 대신에 잘 정돈해 놓은 경작지가 널찍하게 자리를 잡고 있다. 두만강 강변에 아주 가까운 지역에도 민가는 없고 군인들 경비 초소가 눈에 뜨일 뿐이다. 회령천에 인접한 지역에는 회령 제지공장이 자리를 잡고 있는데 한 눈에 보기에도 정상적으로 가동을 하지 않는 것 같다. 반면에 백청산 방면으로 강변에서 좀 떨어진 지점을 관찰해 보면 새로 지은 듯 지붕의 기와 색상이 선명하게 붉은색을 지닌 독집들이[10] 옹기종기 모여 있다.

---

10) 20명의 면담 대상자도 그렇지만 북한이탈주민은 대부분 단독주택을 언급할 때 독집이나 땅집이라는 개념을 사용했다. 면담 대상자들 대다수가 독집과 땅집은 동음이의어로 사용하는 경우가 많았다. 그렇지만 때때로 미묘한 차이가 드러나는 경우도 있었다. 대체로 독집이라고 하면 건물 상태도 좋고 지붕도 제대로 되어 있는 단독주택을 말하는 반면 땅집은 허름하고 낡은 집이라는 느낌을 내포하는 것 같다.

[사진 2-1]과 [사진 2-4] 및 [사진 2-6]을 자세하게 관찰하던 **최성이**는 아마도 회령시 인민위원회에서[11] 두만강에 가까운 망양동 지역을 본격적으로 정비하는 작업을 하는 것이 아니겠느냐고 자신의 의견을 들려주었다. 아무래도 "문세꾼을 단속하고 중국과 밀무역을 하지 못하게 막으려고" 두만강에 가까운 지역을 정비하는 것 같다는 의견이었다. 이 말이 설득력을 지니는 이유는 [사진 2-4]를 들여다보면 백청산에 차단막을 쳐 놓은 모습이 나타나기 때문이다. **최성이**가 지적하는 내용은 20명의 면담 대상자 중에 상당수가 최근 "김정숙 어머님 탄생 100돌을 맞이하는" 2017년을 앞두고 회령 시내 전체를 단장하고 있다는 이야기를 들려주는 현실과 부합하기도 한다.

망양동에는 "김정숙 어머님"이 6살의 어린 나이로 두만강을 건넜다는 나루터를 사적지로 만들어 둔 흔적도 있다. 이 나루터는 "칠월팔일동에 있는 낚시터"와 함께 회령시에서 관리하는 사적지로 손꼽힌다. 나루터는 "김정숙 어머님이 6살의 나이로 1923년에 두만강을 건넌 곳이라고" 하는 이유로, 또 낚시터는 "김정일 장군님이 15살 되던 해인 1956년 7월 8일에 이 곳을 찾아와 낚시를 했었다는 이유로" 사적지로 지정해 놓고 관리하고 있다.

---

11) 인민위원회는 북한 내 지방행정조직을 말한다. 내각 산하 각 도·시·군 단위의 인민위원회에서 해당 지역의 행정업무를 전담한다. 그러나 본질적으로 북한 내 행정조직은 일반적으로 당이라고 부르는 조선노동당과 내각 및 지방정권조직으로 이원화하여 이해해야 한다. 결국 각 도와 시·군 단위에서는 지역 당을 중심으로 간부사업과 사상 문제를 관할하고 지방정권에 해당하는 인민위원회에서는 그 이외의 일반 행정업무를 담당하게 되는 것이다.

[그림 2-2] 망양동과 강안동 지도

[사진 2-4] 망양동

[사진 2-5] 회령제지공장

[사진 2-6] 초소

4. 백청산

중국 싼허(삼합) 지역에서 한 눈에 들어오는 백청산은 그리 높지 않아 자그마한 동산처럼 보인다. 그러나 적어도 회령 시내에서는 백청산 꼭대기보다 더 높은 지점은 없는 것 같다. 백청산 뒤로 팔을천 물길이 휘감아 돌고 이 물은 두만강으로 흘러내린다. 원래 백청산이라는 이름은 회령의 특산물로 잘 알려진 백살구의 하얀색 꽃과 푸른빛 나무가 잘 어우러진 곳이라는 의미를 지니고 있다고 **최성이**는 들려주었다. 1984년-1986년 당시, 백청산 꼭대기에 중국 싼허(삼합) 지역에서도 쉽게 관찰할 수 있을 정도로 큰 글자로 구호판이 들어섰다.

"불요불굴의 공산주의 혁명투사 김정숙 동지를 따라 배우자!"

백청산에 세워 놓은 구호의 글자 하나하나를 얼마나 크게 만들어 세웠는지 성인남자 키를 훌쩍 넘을 정도이니 아마도 족히 2미터 정도는 될 것 같다고[12] **최성이**는 말했다. 이 구호는 회령 전체를 굽어보는 백청산 높은 지점에 세워 놓았기 때문에 멀리 떨어진 곳에서 쉽게 글자를 읽을 수 있었다.

---

12) 책을 발간하려고 마지막 편집 작업을 하는 단계에서 새로 만난 회령 출신 여성 한 사람이 이 산은 백청산이 아니라 오산덕이며 구호판 글자의 높이는 2미터가 아니라 5미터가 넘는다는 의견을 들려주었다. 시간의 압박 속에서 관련 내용을 한 번 더 확인할 수 없었던 안타까움을 밝힌다. 나중에 꼭 정확한 정보를 확인하려 한다.

[사진 2-7] 백청산

실제로 몇 년 전까지 싼허 지역을 찾았을 때 그 글자를 쉽게 읽을 수 있었다. 그런데 2013년 2월 말, 싼허 지역에서 관찰해 보면 [사진 2-4]와 [사진 2-7]에 나타난 것처럼 백청산 전면을 차단막으로 다 가려 놓아서 구호로 쓴 글자는 전혀 보이지 않는다. 아마도 2017년 김정숙 100돌을 앞두고 대대적인 공사를 하는 중이라고 말해 주었던 면담 대상자 몇 사람의 의견이 맞는 것 같다.

최성이는 중학교 다닐 때 김정숙 구호 만드는데 쓴다고 학교에서 아이들을 전부 강가로 보내 자갈을 주워 모으라고 했던 일을 기억했다. 아이들이 자갈을 주워 한 곳에 모아 놓으면 트럭이 와서 그 자갈을 모두 싣고 갔던 일을 또렷하게 기억하고 있다고 그녀는 말했다.[13]

백청산과 회령 기본 도로 사이에 회령시 산원이 있고 그 뒤로 회령시 인민병원이 나온다. 병원 옆에 신약국과 동약국(고려약국)[14] 건물이 나온다. 그리고 백청산 밑자락에는 김정숙 사적관이 자리를 잡고 있다. 사적관 아래로 내려가면 답사숙영소가 나온다. 회령이 "김정숙 어머님" 고향이라고 해서 북한 전역에서 대학생을 비롯한 다양한 계층의 사람들이 답사를 오는데 그들이

13) 면담 대상자 중에는 학창 시절, 회령시 곳곳에서 벌어지는 건설현장에 노력동원을 나가야 했던 경험담을 들려주는 사람이 많았다. 회령산원을 지을 때 "바케츠 들고 흙을 나르느라" 고생했다는 사람이 있는가 하면 김정숙교원대학을 세울 때 건물을 다 학생들 노력으로 짓다시피 했다고 목소리를 높이는 사람도 있었다.

14) 북한당국은 한때 한방학 분야를 동약학·동의학으로 불렀으나 지금은 고려약학·고려의학으로 명칭을 변경해서 사용하는 중이다.

숙박하는 장소가 바로 답사숙영소인 것이다. 예전에는 답사숙영소에서 음식도 다 제공했는데 요즘에는 공급이 부족하니까 "아무것도 주지 않는다." 결국 답사를 오는 사람이 각자 먹을 것을 준비해야 하는 상황이다.

답사숙영소 건물을 완공한 시점은 아마도 1984년 무렵이었던 것 같다고 기억하는 사람이 많았다. 그 이후로 해마다 백살구가 나오는 철에는 북한 전역에서 답사생 대열이 회령으로 몰려 들어왔다. 이렇게 찾아온 답사생들은 대부분 회령에 오면 자기네 지역에 없는 신기한 물건을 찾아서 사들이느라 바쁘게 움직이곤 했다. 여기서 사들인 물건을 다른 지역 시장에 넘기면 꽤 많은 돈을 남긴다고 들었다. 그런가 하면 외국에서 들어온 물건이 넘쳐나는 곳이라는 의미에서 회령을 "조선의 홍콩"이라고 부르는 답사생도 많았다.

백청산 왼편으로 내려가 보면 팔을천 방면으로 유리병 공장과 구두공장·도서인쇄출판사 자리가 나온다. 이런 공장들은 이미 오래 전에 다 멈춰 버렸다. 지금은 중앙에서 직접 관리하거나 적어도 도 단위에서 움직이는 공장이 아니라면 회령 시내에서 제대로 돌아가는 곳이 없다고 해도 과언이 아니다. 상황이 그런 만큼 회령시 차원에서 관리하는 지방산업단위인 유리병 공장이나 구두공장 같은 곳은 "중앙이나 도 단위에서 틀어 쥔 곳과 달리" 기계를 돌리는데 필요한 전기도 제대로 확보할 수 없는 실정이라고 했다.

5. 칠월팔일동(칠팔동) · 보을동 · 수북동 · 새마을동[15)]

회령 이야기를 들려 준 20명 중에서 칠월팔일동이나 보을동·수북동·새마을동 주변을 시내 중심 지역으로 평가하는 사람은 없었다. 그리고 지도에는 칠월팔일동으로 기록해 놓았다고 해도 회령 사람들은 대체로 칠팔동이라고 부른다는 의견이 많았다.

이 지역은 원래 금생리에 속해 있었는데 회령을 군에서 시로 승격시킬 때 회령시의 일부로 편입되어 들어왔다. 따지고 보면 시내 중심에 해당하는 역전동·성천동·오산덕동에서 이 지역이 거리상 그다지 멀리 떨어져 있는 것은 아니다. 그렇지만 회령 시내 중심과 이 지역 사이에는 팔을천이 흐르는데 이 곳을 건널 때 금생다리를 이용하지 않으면 딱히 다른 방법이 없다. 금생다리가 시내 중심에서 상당히 떨어진 곳에 위치했다는 점을 감안하면 심리적 거리감은 꽤 클 것으로 느껴진다.

이 지역에는 한동안 경비여단 본부가 자리를 잡고 있었다. 최근에는 경비여단을 해체한 뒤 각 대대 단위로 편제를 바꾸었다고 한다. 그 이외에는 김정일이 1956년 7월 8일에 찾아와서 낚시를 했다고 하는 낚시터가 사적지로 지정되어 있다. 칠월팔일동이라고 하는 동네 이름이 바로 이 날을 기념하여 지은 것이라는 이야기를 누군가 들려주었다.

---

15) 발간을 앞두고 최종 편집을 하는 단계에서 새로 만난 회령 출신 여성 한 사람이 보을동은 유선 방면에 있는 동네라고 지적해 주었으나 확인할 여유가 없었다.

6. 역전동 · 성천동 · 오산덕동

회령 시내 중심에 해당하는 지역은 단연코 역전동·성천동·오산덕동이라고 지적한다는 점에서 20명의 의견은 대체로 일치했다. 백청산과 역전동이 만나는 지점에는 김정숙 사적관과 답사숙영소, 인민보안서 분주소가 한 지점에 몰려 있다.[16] 분주소에서는 여행증 발급 업무를 취급하기 때문에 평소에도 사람이 많이 드나드는 곳이었다고 했다.

역전동·성천동·오산덕동이 만나는 지점에 김정숙 동상이 자리를 잡았고 그 앞으로 회령시 광장이 넓게 펼쳐져 있다고 했다. 회령 시내의 중요한 행사는 대부분 이 광장에서 치르기 때문에 이 곳이 명실상부한 시내 중심 지역으로 봐야 한다고 주장하는 사람이 많았다. 광장 옆으로 회령 국수집과 남문여관이 나온다.

김정숙 동상을 중심으로 오산덕동을 살펴보면 먼저 회령시 연구실이 나온다. 오산덕동은 회령 시내 기본 도로와 팔을천 사이에 위치한 동네인데 백청산 쪽에서 본다면 오산소학교와 김정숙 생가에 이어 "예전 안전부 자리에 들어간" 행정위원회와 군사동원부 건물이 나온다.

---

16) 북한의 경찰 조직은 중앙의 인민보안부 아래 각 시·도 단위의 인민보안서가 있고 최일선에 파출소에 해당하는 분주소가 있다. 그런 의미에서 인민보안서는 북한당국의 경찰 조직에 해당하는 인민보안부의 지방 조직 명칭이라 하겠다. 이 부서는 예전에 사회안전성이었는데 인민보안성으로 변경했다가 지금은 인민보안부로 부른다. 그래도 주민들은 사회안전성, 안전부, 안전원 같은 예전의 명칭을 여전히 사용하고 있었다.

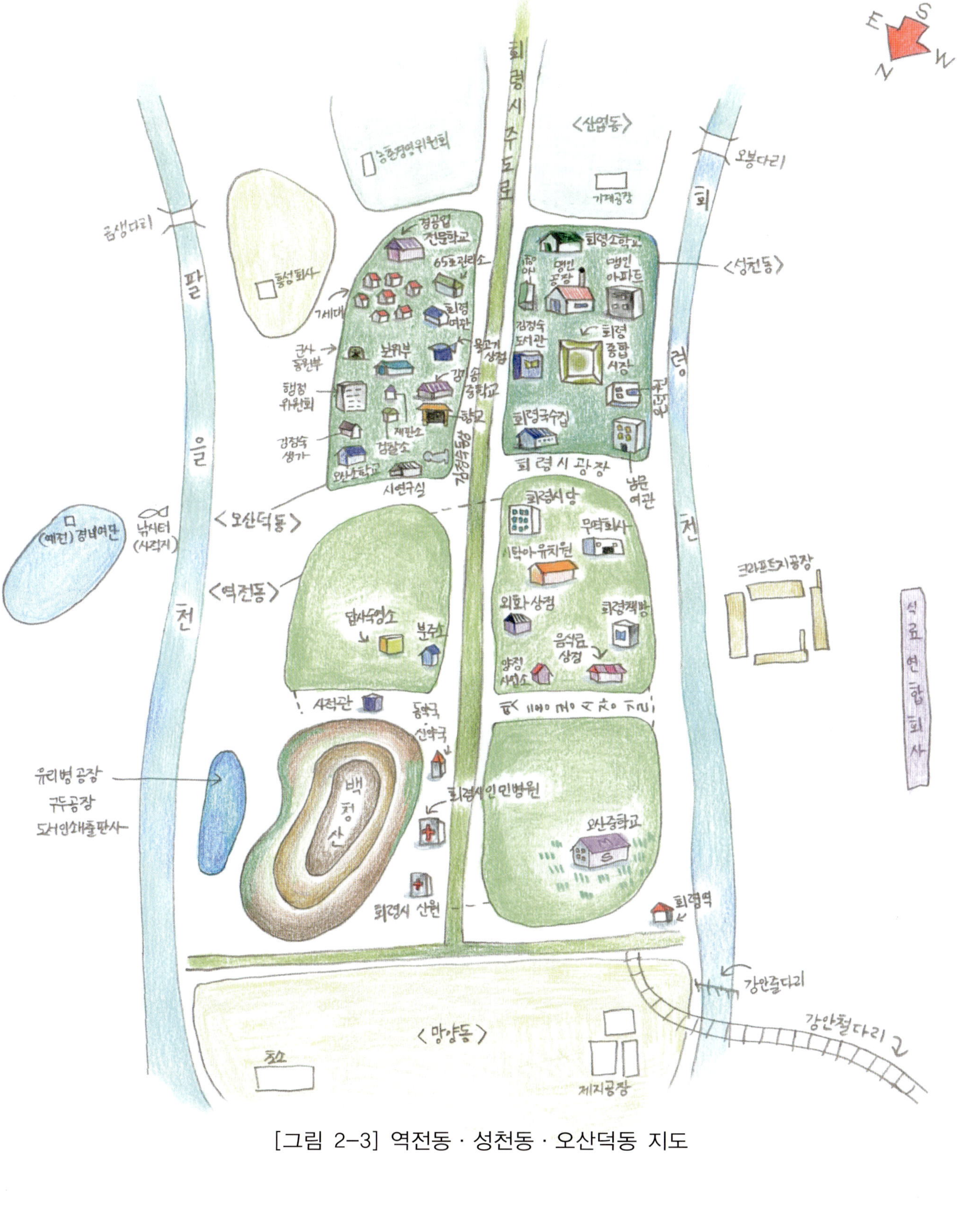

[그림 2-3] 역전동 · 성천동 · 오산덕동 지도

군사동원부 건물을 지나가면 중국에서 찾아 데려 왔다고 하는 "김정숙 어머님" 친척들 주거지인 7세대 마을이 나온다. 경공업전문학교 건물은 그 뒤에 자리를 잡고 있다.

한편 김정숙 동상에서 시내 기본 도로를 따라 산업동 방면으로 더 올라가다 보면 향교가 있던 자리가 나오고 김기송중학교가 그 뒤로 이어진다. 김정숙의 남동생 김기송의 이름을 붙인 김기송중학교는 오산덕동 중간쯤 시내 기본 도로 방면에 자리를 잡고 있다. 김기송중학교를 지나가면 회령 물고기 상점이 나온다. 1970년대 후반 무렵에는 회령 물고기 상점에 가면 "늘 명태가 산처럼" 쌓여 있었다. 그런데 지금은 회령 시내에서 물고기 구경하는 것이 어렵다.

회령 물고기 상점을 지나 팔을천 방향으로 꺽어지면 시 당 책임비서 사택이 나오는데 그 뒤로 예전 회령호텔 자리에 들어선 회령여관이 자리를 잡고 있다. 회령여관은 간판이 없어서 잘 모르는 사람도 많은데 중앙이나 도에서 고위간부들이 출장오면 이곳에서 숙박을 했다. 물고기 상점에서 기본 도로를 따라 산업동 방향으로 간판도 없이 문을 열어 놓은 65호 상점이 2000년대 초반까지 있었다. 65호 상점은 회령시 주민 중에서 "65호 대상자인 50여 명 남짓한 사람들을 대상으로" 특별공급물품을 제공하는 장소였다. 당연히 상점이 그다지 클 필요가 없고 근무자도 한 명이었다. 65호 대상자는 이 상점에서 식용유나 돼지고기, 계란 등 각종 식품과 옷감은 물론 다양한 물품을 받는다.

역전동에는 회령시 당 건물 위치가 나온다. 시 당 건물 바로 옆으로 회령시 광장이 이어지기 때문에 이 지역이야말로 명실상부한 회령의 중심 지역이라고 평가할 수 있다는 의견이 많았다. 그리고 오산덕중학교는 역전동에 위치해 있다. 회령천 옆으로 회령책방이 나온다.

성천동에는 회령시 광장 옆으로 자리를 잡은 회령국수집과 남문여관을 볼 수 있다. 회령시 지역에 공무로 출장 온 사람이라 해도 고위간부가 아니라면 대체로 남문여관에 숙박하는 것이 일반적이라고 했다. 성천동 중심에는 성천중학교 자리로 옮겨 온 회령 종합시장이 있고 시장과 기본 도로 사이에 김정숙 도서관이 나온다.

시장 뒤편으로 맹인아파트와 맹인공장이 나오는데 지금은 그저 명칭만 그렇게 유지하고 있을 뿐, 실제로 맹인들이 이 지역에서 거주하며 길 건너편에 위치한 공장에 다니는 경우는 많지 않다고 했다. 도대체 왜 맹인들 숫자가 그렇게 줄어들었는지 질문해 보았더니 면담 대상자 상당수가 "아마도 고난의 행군기를 지나는 동안 굶어죽은 사람이 많기 때문에 그런 것이 아니겠느냐" 하고 대답해 주었다. 맹인아파트도 그 내부를 들여다보면 이름과 달리 "성성한 사람들이" 대부분 다 차지한지 오래 되었고 맹인공장은 이미 그 규모가 많이 줄어들었다고 했다. 성천동이 끝나는 지점에 이르면 회령소학교 자리가 나온다.

7. 산업동 · 동명동

산업동은 회령 시내 기본 도로를 중심으로 팔을천과 회령천 방향 양편으로 넓은 지역에 걸쳐 펼쳐져 있다. 반면에 동명동은 팔을천 주변으로 비교적 좁은 지역이며 그다지 넓은 동네가 아니다. 그 탓인지 동명동에는 주목을 끄는 건물이 그다지 많은 편은 아니다.

그래도 동명동에는 고등물리학교로 이름을 바꾼 군사학교가 자리를 잡고 있어서 아들을 둔 부모에게는 관심이 많은 지역이었다. 군사학교는 중학교 졸업과 함께 군 입대를 하려고 초모를[17] 마친 남학생 중에서 똑똑하고 능력이 뛰어난 사람을 선발하여 2년제 교육을 시행하는 곳이다.

이 학교에서 뛰어난 성적을 올리는 학생에게는 강계국방대학에 진학할 수 있는 길이 열린다. 그러나 보니 자연히 중학교 졸업이 가까운 아들을 둔 부모라면 누구나 군사학교에 관심을 가질 수밖에 없는 실정이라고 했다.

한편 자동차 수리도 하고 운전교육도 시행하는 자동차수리사업소 역시 동명동에 자리를 잡고 있다. 그 이외에 동명동 소재 주요 기관을 꼽으라면 무역회사인 흥성회사 정도를 들 수 있을 것이다.

---

17) 초모란 명사로 "군대에 지망하는 사람을 모집하여 뽑는 것"이라고 설명하였다. 『조선말 대사전 (증보판)』 평양: 사회과학출판사, 2007, 제3권, 128쪽

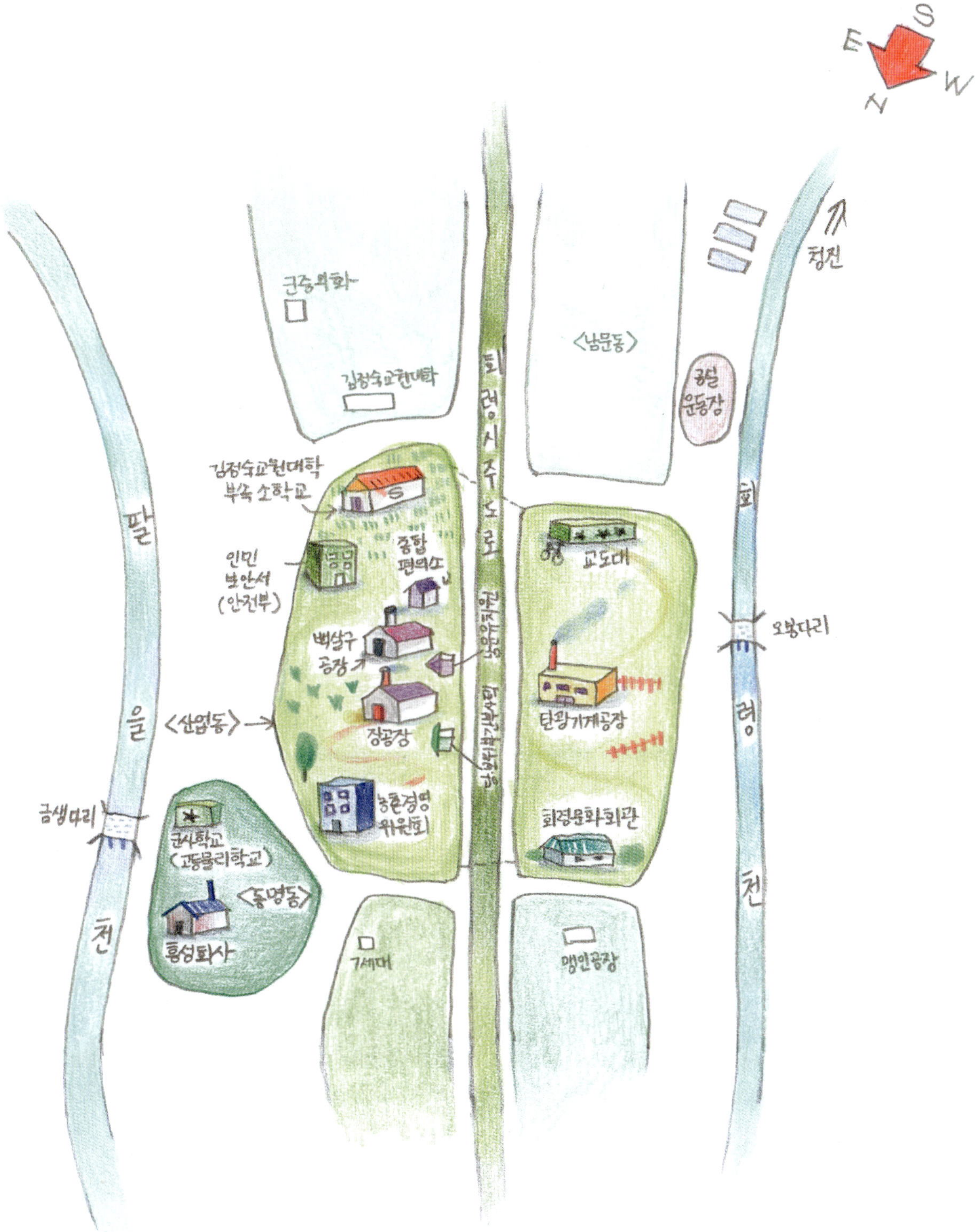

[그림 2-4] 산업동 · 동명동 지도

산업동은 면적이 넓어서 기본 도로를 중심으로 팔을천 방면과 회령천 방면으로 구분해서 관찰하는 것이 필요하다. 우선 회령천 방면으로는 회령문화회관과 기계공장이 있고 오봉다리와 가까운 곳에 교도대 건물이 나온다. 그리고 팔을천 방면으로는 농촌경영위원회 건물과 장공장이 먼저 나오고 다음으로 백살구공장이 자리를 잡고 있다.

백살구공장을 지나면 사람들이 아직도 습관적으로 안전부로 부르는 인민보안서 건물이 나온다. 인민보안서 건물을 현재의 위치에 4층 건물을 "번듯하게" 지어 옮겨 온 것은 1980년대 후반이었다. 당시 이 건물은 "시 안전부 정치부장 박 모가 주도하여" 지었다. 새로 지은 건물로 인민보안서가 옮겨 간 이후에 "힘이 없어" 시 당 한쪽에 들어가 있던 행정위원회가 예전 인민보안서 자리를 차지하고 들어갔다. 인민보안서 위로 더 올라가면 김정숙교원대학 부속 소학교가 나온다. 그 뒤로 김정숙교원대학이 나오는데 이 지점은 이미 남문동에 속한다.

8. 남문동

남문동은 회령 시내 끝부분에 자리를 잡은 지역이다. 면담 대상자 20명은 남문동을 지나면 청진으로 나가는 길이 나온다고 말했다. 구체적으로 남문동을 벗어나 오봉리・대덕리・풍산리・전거리를 거쳐 청진으로 나가는 길이 이어진다고 했다.

이들이 말하는 이야기를 세심하게 듣다 보면 회령의 범주가 남문동 회령호텔 자리까지 포함한다는 사실이 선명하게 드러나는 경우가 많았다. 회령 주민이 생각하는 회령의 범위가 남문동 회령호텔 앞에서 끝나는 이유가 무엇인지 질문해 보았는데 아마도 아스팔트 도로 포장이 바로 그 지점에서 끊어진다는 점 때문인 것 같다고 설명해 주는 사람이 있었다. 그 사람은 도로에 인도와 차도를 구분해 놓은 것도 회령호텔 앞에서 끝난다고 주장했다.

회령호텔 앞을 지나면 곧바로 인도와 차도의 구분이 없는 "썩비레" 길이 이어진다는 것이었다. 썩비레는 모래가 섞인 흙인데 전체적으로 빛깔이 노란색을 지니고 있어 길에 깔아 놓으면 그 색상이 상당히 고운 편이다. 그리고 모래처럼 푹푹 패이지도 않지만 비가 오면 물이 잘 스며드는 편이라서 도로 포장용으로 좋은 재료라고 했다. 회령에서는 "어딘지 모르겠지만" 근처에 있는 "썩비레 산에서" 차로 실어다가 도로 포장용으로 사용해 왔다는 것이다.

남문동 역시 산업동처럼 회령 시내 기본 도로를 중심으로 회령천 방향과 팔을천 방향, 양편으로 구분해서 관찰하는 것이 편리하다. 우선 회령천 방향을 살펴보면 공설운동장이 나온다. 공설운동장을 지나 청진 방면으로 더 올라가다 보면 양어장 자리가 나타난다.

S
E
W
N
청진
양어장
회령호텔
<남문동>
영예군인공장
두만강 회사
남유중학교
5호관리소
김정숙교원대학
회령시주도로
공설 운동장
팔을천
회령천
김정숙교원대학 부속소학교
인민보안서 (안전부)
<산업동>
교도대
기계 공장
회령문화 회관
오봉다리
금생다리
흥성회사
7세대

[그림 2-5] 남문동 지도

양어장과 기본 도로 사이에는 5호 관리소가 자리를 잡고 있다. 5호 관리소에서 기본 도로를 지나 팔을천 방향으로 넘어가면 군중외화벌이사업소와 남문중학교, "안전부에서[18) 직접 운영하는 두만강 무역회사," 영예군인공장,[19) 회령호텔 등이 나온다.

군중외화벌이사업소와 5호 관리소는 둘 다 외화벌이를 목적으로 설립한 기관이다. 그런데 군중외화벌이사업소는 늘 사람들이 많이 드나드는 반면 5호 관리소 주변은 상대적으로 조용한 편이다. 이 곳에 위치한 영예군인공장은 예전에 비해 그 규모가 많이 줄었다고 했다. 앞에서 지적한 바와 같이 회령호텔은 실질적으로 회령 시내의 마지막 경계를 이루는 건물이라고 인식하는 사람이 많았다.

9. 유선 방향 · 대덕 방향 · 궁심 방향 · 금생 방향

이 책에서 소개하는 사진과 그림에는 잘 드러나지 않지만 일반적으로 회령이라고 하면 주변 지역인 유선과 대덕 · 궁심 · 금생 방면까지 포함하는 개념으로 사용하는 경우가 많다. 실제로 북한 이탈주민을 만났을 때 자신이 회령 사람이라고 소개하는 경우에

---

18) 이처럼 대다수 면담 대상자는 인민보안서 대신 안전부라는 명칭을 쓰고 있었다. 북한당국이 "아무 것도 주지 않은 상태에서 각 기관별로 외화벌이 과제를 떨구니까" 무역회사가 우후죽순 생겨난 것이라고 했다.

19) 북한에서 영예군인이란 "군사복무 기간 부상을 입고 제대되여 국가적 혜택을 받는 사람"을 의미한다. 『조선말 대사전 (증보판)』 평양: 사회과학출판사, 2007, 제3권, 1449쪽

이들의 이야기를 들어 보면 회령 시내를 벗어난 주변 지역에서 살다가 온 사람들이 드물지 않았다.

중국의 싼허(삼합) 지역에서 건너다 봤을 때 회령천 오른쪽에는 유선과 대덕 방향으로 나가는 길이 보인다. 팔을천 왼쪽으로 궁심과 금생 방향으로 이어지는 길이 길게 이어져 있다. 회령 시내와 유선 사이에는 강안철다리 위로 지나가는 기차가 주요 교통편이다. 팔을천 넘어 금생 방면도 회령 시내 중심에서 출발하는 버스가 하루에 한 번 다녀서 비교적 교통이 편리한 편이라고 했다. 그리고 대덕으로 가는 길은 회령-청진행 기차를 이용하면 된다. 기차를 타면 회령역 다음에 대덕역이 나온다.

그 반면에 궁심·세천 방향으로 나가는 교통편은 별도로 정해져 있는 게 없어서 불편하다는 의견이 많았다. 회령역에서 궁심·세천 방향으로 가다 보면 22호 초대소 건물이 나온다. 22호 초대소 건물은 간판이 없어서 관계자나 내부 사정을 잘 아는 사람이 아니면 쉽게 알아보기 어렵다. 그렇지만 업무상 22호 수용소로 들어가야 할 일이 있는 사람이나 그 곳을 관리자의 자녀들이 방학 때 부모를 찾아가고자 한다면 대부분 이 곳 초대소에서 숙박을 하는 경우가 많다고 했다. 숙박을 하면서 22호 수용소 안에서 차가 나오면 그 차를 타고 들어가게 되는 것이다.

한편 궁심의 특산물 강냉이 엿은 널리 알려져 있다. 유독 궁심 강냉이 엿이라고 하면 평양에서도 알아준다고 강조하는 사람이 있었다. 그 사람은 궁심이 유독 물이 좋은 지역이라 그런지 다른 지역과 비교해 보면 같은 분량의 낟알로 엿을 훨씬 더 많이 생산하는 곳으로 유명하다고 알려주었다.

유선과 대덕·궁심·금생 등 회령 주변 지역에는 탄광이 많다고 했다. 그런데 최근에는 탄광에서 제대로 석탄을 캐는 경우가 많지 않다고 면담 대상자들 대다수가 지적해 주었다. 탄광마다 갱도에 물이 다 들어차서 채 빠지지 않았는데 양수기도 없고 양수기를 돌릴 전기도 부족한 상태에서 갱도가 무너지지 않도록 설치해 두어야 하는 동발목 역시 부족하고[20] 채탄장비도 "전부 녹이 슬어 도저히 쓸 수 없는 상태로 한심하게" 버려져 있다는 것이었다.

그 중에서도 예전부터 환경이 나쁜 곳으로 꼽히는 세천탄광은 "괴뢰군 포로와 같이[21] 성분이 불량한 사람을" 몰아넣었던 지역이다. 세천탄광에 배치 받은 성분 불량자는 대부분 그 골짜기를 벗어나 보지도 못하고 "한 생을 마감하는" 경우가 많다고 했다. 문제는 이들의 후손 역시 별로 다르지 않은 생활을 하면서 "일생 벗어날 길이 없다는 것이" 더 안타까운 현실이라는 점이다. 성분 불량자의 후손은 대부분 탄광에서 벗어나지 못한 채 일생을 마친다고 말해 주는 사람이 많았다.

---

20) 동발은 "갱이나 굴이 무너지지 않게 버티는 기둥"을 말한다. 따라서 동발목은 그런 기둥으로 쓰는 나무를 의미한다. 『조선말 대사전 (증보판)』 평양: 사회과학출판사, 2007, 제1권, 1158쪽

21) 북한에서 말하는 "괴뢰군 포로"는 6·25전쟁에 참전했다가 인민군에게 포로가 된 국군병사를 의미한다.

앞서 제시해 놓은 [사진 2-1]을 통해 확인해 보면 망양동에서 팔을천을 넘어 두만강 줄기를 따라 가다 보면 왼쪽으로 예전 장마당 자리가 나오고 그 앞쪽에 회령세관이 자리를 잡고 있다. 이곳에 장마당이 열리던 시절에는 중국 사람들이 건너와서 일일장사를 하고 다시 두만강을 넘어가는 일도 많았다. 그 당시 일일장사를 하려고 중국에서 나오는 사람들은 굳이 비자를 발급받지 않아도 도강증만 있으면 국경을 넘나들 수 있다고 했다. 그리고 회령세관을 통과하면 바로 일일시장이 나오니까 그 곳에서 매대를 펼쳐 놓고 하루 장사를 하다가 바로 두만강을 건너가는 일이 많아서 굳이 회령 시내로 들어갈 필요도 없었다는 것이다.

[사진 2-1]에 나타나는 바와 같이 중국 싼허(삼합)에서 내려다보이는 회령세관은 최근에 건물 전체를 새로 지은 탓인지 그야말로 깔끔한 외관을 자랑하고 있었다. 대략 30분 정도 지켜보는 동안 시내 방면에서 나오는 화물차량 3-4대가 세관에 들어갔다. 그와 함께 몇 명의 사람들이 걸어서 회령세관으로 들어가는 모습을 지켜 볼 수 있었다. 이 근처에는 김정숙이 6살의 나이로 두만강을 건너갔던 지점이라고 주장하는 북한당국의 논리에 맞추어 사적지로 만들어 놓은 나루터가 나온다고 지적하는 사람이 많았다.

제3장

회령의 양면성: “어머님의 고향” vs. “조선의 홍콩”

1. 회령 사람의 긍지감: “김정숙 어머님의 고향”
2. 회령의 또 다른 얼굴: “조선의 홍콩”

제3장. 회령의 양면성: "어머님의 고향" vs. "조선의 홍콩"

회령은 인구 15만 명 내외의 그리 크지 않은 도시로[22] 두만강 넘어 중국의 싼허(삼합) 지역과 국경을 이루고 있다. 이와 같은 지리적 특징 덕분에 회령 주민은 예전부터 중국 사람과 국경을 넘어 합법적으로나 불법적으로 거래하는 경우가 많았다. 회령 주민 중에서 북한당국이 엄격하게 금지해 온 "비법(非法)" 행위로 돈을 벌거나 중국과 밀무역을 하고 국경을 몰래 드나드는 사람이 많다는 것은 이미 오래 전부터 널리 알려져 있는 사실이다.

그렇다고 해서 회령이 북한에서 비법과 밀무역의 이미지로 점철된 지역이라고 단언할 수 있다고 생각하는 것은 큰 오산이다. 오히려 북한당국의 비호 아래 회령은 "불요불굴의 혁명투사[23] 김

---

22) 유엔인구기금(UNFPA) 지원을 받아 북한당국은 2008년 10월 31일자로 북한에서 제2차 인구센서스를 시행했다. 조사 결과는 『조선의 2008 인구센서스 (DPR Korea 2008 Population Census, 2009)』라 하는 제목의 책자로 2009년 12월에 발표하였다. 우리 정부는 이 조사에 필요한 경비 조달을 위해 유엔인구기금에 400만 달러를 지원하였다. 북한에서 최초로 시행한 인구센서스는 역시 유엔인구기금 지원을 받아 1993년 12월에 이루어졌다.

23) 북한당국이 허용하는 유일한 여성조직 "조선민주녀성동맹" 중앙위원회 기관지로 발간하는 『조선녀성』 기사를 살펴보면 김정숙을 "불요불굴의 혁명투사"로 소개하는 경우가 많다. 『조선녀성』 기사 제목에 "불요불굴의 혁명투사 김정숙 동지" 표현이 처음 등장한 시점은 1975년 12월이다. 그 이후 해마다 1-2회 나오거나 많으면 3회

정숙 어머님" 고향이라는 이유로 꽤 오랫동안 특별한 대접을 받아 온 도시라는 점에 주목해야 한다. 북한당국은 다양한 방법으로 회령이 중요한 의미를 지니는 도시라는 점을 강조해 왔고 이 지역의 주민들 역시 "김정숙 어머님" 고향에 산다는 이유로 "긍지감을" 느낀다고 했다.

그런데 회령이 이렇게 특별한 도시로 자리를 잡게 된 것은 1970년대 중반 이후의 일이었다. 이 사실과 관련한 상황은 지금부터 철저하게 기록으로 남겨야 하며 우리 땅에서 살고 있거나 앞으로 살아가게 될 사람은 모두 관련 사실을 하나도 빠짐없이 기억해 둘 필요가 있다. 언젠가 때가 이르면 북녘 땅 우리 동포 한 사람, 한 사람이 정확한 사실관계를 파악하고 북한정권에 대해 스스로 판단을 내린 뒤 자신의 운명을 선택하는데 필요한 자료를 제공해야 한다. 그리고 지금은 그 때에 대비하여 정확한 기록을 확보하는 일에 열정을 쏟아야 할 것이다.

면담 대상자 20명이 들려주는 기억 속 이야기를 정리해 보면 회령이 "처음으로 확 변했던" 시기는 1970년대 중반이었던 것으로 나타난다. 당시 평양 중심부에서 내려온 사람들이 직접 돌아다니면서 시내 중심에 "조선 치마저고리를 입은" 김정숙 동상을 세워 놓았다.

정도 『조선녀성』 기사 제목에 등장하던 이 표현이 김정숙 출생 70주년이 되는 1987년에는 12월에 집중적으로 나오는 현상을 관찰할 수 있다. 이런 현상은 북한당국이 1975년 이후 김정숙 우상화를 시작했고 1987년을 전후하여 이런 노력을 한 단계 더 심화시켰다는 점을 웅변적으로 보여준다.

[사진 3-1] 회령에 대한 노래

오산덕의 백살구 활짝 꽃폈네

보통속도로 작사 리재린, 작곡 김문규

2. 조국을 광복할 앞날을 그리며
어린 시절 심으신 백살구나무
김정숙어머님의 그 념원담아
아 이 강산에 피고 피였네

3. 장군님 위하여 몸바쳐 싸우신
그 이야기 전하며 향기 풍기네
김정숙어머님의 충성의 마음
아 이 가슴에 안기여주네

출처: 『조선녀성』 2005년 12월호

뿐만 아니라 김정숙이 태어난 집이라고 주장하는 생가와 업적을 기리는 물품을 전시해 둘 사적관을 비롯하여 각종 시설물을 시내 중심에 조성하면서 회령을 전체적으로 단장하는 일을 시작했다. 그 무렵부터 지금까지 회령은 평양의 권력 핵심부에서도 인정하는 이른바 3대 고장으로 특별한 대접을 받아 왔다고 면담 대상자 20명이 말해 주었다.[24)]

1991년 7월에는 북한당국이 나서서 인근의 유선군을 회령군에 통합한 뒤 회령시로 출범시키는 조치를 취하였다.[25)] 회령이 마침내 군에서 시로 그 위치가 격상되어 올라선 것이다. 20명의 사람들은 아직도 "김정숙 고향이랍시고" 회령 공민증을 갖고 있으면 종종 국경지역에서 비교적 쉽게 초소를 통과하는 "특세를" 누린다고 이야기 했다.

사실상 다른 지역 사람이 회령에 오려고 할 때에는 마치 평양에 갈 때처럼 여행증에 출입 승인번호를 받아야 들어올 수 있었다. 그 반면에 회령 주민은 다른 지역에 갈 때 특별히 출입 승인

---

24) 3대 고장이란 북한당국이 김일성이 태어났다고 주장하는 평양의 만경대, 김정일의 출생지로 강조하는 백두산 밀영이 위치한 삼지연, 김정숙의 고향이라고 내세우는 회령의 오산덕 마을을 의미한다. 20명의 이야기를 종합해 보면 3대 고장이나 3대 지역으로 부르던 곳에서는 다른 지방과 달리 가장 어렵던 시절에도 북한당국의 "배려로" 주민들이 식량 배급의 혜택을 누려 왔다고 한다. 예전처럼 배급량을 전부 다 주는 정도는 아니었지만 그래도 다른 지역보다 상당한 혜택을 받았다는 것이 이들의 이야기 내용이었다.

25) 이 일이 1980년대 후반에 있었다고 주장하는 사람도 있었다. 그 사람은 자신의 집 주소가 회령읍 196반에서 회령시 산업동 5반으로 바뀌는 시점이 1980년대 후반이었던 것으로 기억한다고 말해 주었다. 그리고 자신의 기억으로 미루어 회령군이 유선군을 통합하여 회령시로 출범하는 시점은 아무래도 1980년대 후반이었던 것 같다고 주장했다.

번호를 받을 필요가 없었다. 이런 사실도 회령 주민이 주변의 다른 지역 사람보다 위세를 누릴 수 있게 만들어 주는 요인 중의 하나였다.

그래서 그런지 사람들이 평소에 어떻게 살았는지 설명하는 내용을 들어보면 회령의 이중적 이미지가 고스란히 드러나는 것을 볼 수 있다. 오늘날 북한에서 회령은 주민들이 이중 부담을 감당해야 하는 도시의 상징으로 꼽히는 것 같다.

기억 속 이야기를 들려 준 20명의 회령 사람들은 북한에 사는 기간 동안 자신이 "김정숙 어머님" 고향에 산다는 사실에 긍지감을 느꼈던 것은 사실이라고 말해 주었다. 물론 이런 긍지감은 절대 "공짜로" 누릴 수 있는 것이 아니다. 다시 말해서 "김정숙 어머님의 고향" 회령에 사는 사람이라면 마땅히 "영광을 누리는" 만큼 "받아 온 배려에 대해" 충성심과 충실성으로 보답해야 한다는 것은 당연한 일로 알고 있었다고 이들은 말한다. 좀 더 구체적으로 부연해 보자면 회령에 사는 사람이라면 누구나 북한당국의 기대에 부응하여 수시로 자신에게 떨어지는 과제를 성심성의껏 수행하는 것은 물론이고 그 모습을 한껏 과장하여 겉으로 표현해야 하는 부담까지 고스란히 감당해야 한다는 뜻이다.

그 반면에 중국을 통해서 외부에서 들어오는 "자본주의 황색바람의 전초기지" 역할을 하는 지역도 바로 회령이다. 회령의 별칭 "조선의 홍콩" 역시 그런 이미지를 잘 나타내 준다. 회령 여자 옷차림은 대체로 평양 처녀 차림새보다 화려하고 같은 국경 지역이라고 해도 온성이나 종성, 무산에 가면 "부르조아 같다거나 자본주의 날나리풍이라는 이유로" 비판을 받을 정도로 색다르게 보일 정도라고 했다. 사람들이 너도나도 사들이고 싶어 하는 물건 중에 특정 품목은 중국에서 들어오면서 길목에 해당하는 회령을 거쳐 청진과 평양에 들어가는 현상은 북한에서 누구나 인정할 정도로 자연스러운 흐름으로 자리를 잡았다.

결국 회령 주민으로 사는 사람들은 남의 눈을 의식하면서 살아야 하기 때문에 늘 밖으로 사상적 무장을 외쳐야 하는 한편 외부의 시선을 생각하지 않아도 되는 영역에서는 내심 "생활의 한 자리를 꾸리는" 일에 골몰하게 되는 것이다. 그러다 보니 회령 사람들은 대체로 어려운 상황 속에서 일상생활을 영위해야 하는 엄혹한 현실을 "예술적으로" 헤쳐 나가며 하루하루 "겉과 속이 다르게 살아야 하는" 긴장감 속에서 "피타게 노력하는" 시간을 보내며 각자 "살 길을 찾아야" 한다고 했다.

면담 대상자 20명은 이런 주제로 말을 하다 미처 자신도 의식하지 못하는 상태에서 마음 속 이야기를 불쑥 꺼내 놓는 경우가 많았다. 자료를 읽으면서 이들과 이야기를 나누던 시간을 돌이켜 보면 면담 대상자들 각자 북한에 사는 동안 얼마나 "예술적으로" 표정 관리를 하고 선호위장의 전략을 교묘하게 활용해 가면서[26)]

26) 선호위장은 preference falsification이라는 개념을 번역한 용어로 사람이 개인적이고 사적인 공간에서는 진면목을 드러내는 반면에 대중에게 드러나는 공적인 영역에서는 진심을 감추는 위장 전략을 사용한다는 점을 효과적으로 묘사해 준다. 선호위장 개념에 대해서는 Timur Kuran의 서적과 Robert H. Frank가 쓴 서평을 참고할 수

일상생활을 무사히 영위하려 노력해 왔는지 설명하는 과정에서 갑자기 울음을 터뜨리거나 눈물을 삼키면서 말을 멈추는 일이 많았다. 이들은 간혹 "내가 지금 왜 이런 이야기까지 하고 있는지 모르겠다" 하면서도 한 번 말문이 터지면 경계심을 벗어던진 채 장시간에 걸쳐 지치지 않고 속마음을 들려주기도 했다.

20명의 회령 사람이 각자 자신 앞에 놓인 이중 부담을 어떻게 헤쳐 나왔는지 관찰하는 과정은 분명히 아프고 괴로운 일이었지만 또 한편으로는 상당히 흥미진진한 경험이기도 했다. 이 부분에서는 "태를 묻은" 회령을 떠난 뒤 탈북과정을 거쳐 대한민국에 정착한 사람들 기억 속에는 이 도시가 어떤 모습으로 자리를 잡고 있는지 20명의 이야기를 정리해 보고자 한다.

1. 회령 사람의 긍지감: "김정숙 어머님의 고향"

"김정숙 어머님의 고향!"

이 개념은 단순히 북한당국이 내세우는 공허한 구호에 머무르지 않는다. 오늘날 북한에서 회령을 거론할 때 김정일의 생모 김

있다: Timur Kuran(1995), *Private Truths, Public Lies: the Social Consequences of Preference Falsification*, the President and Fellows of Harvard College; Robert H. Frank(1996), "The Political Economy of Preference Falsification: Timur Kuran's Private Truths, Public Lies," *Journal of Economic Literature*, Vol 34, Issue 1, pp. 115-124.

정숙의 고향이라는 점을 빼고 이야기한다는 것은 상상도 할 수 없는 일이다.

물론 1970년대 중반 이후 줄곧 북한당국이 회령을 특별히 관리했던 것은 이 도시가 김정숙의 고향이라는 이유를 내세우고 싶었기 때문이었다는 점은 다양한 자료를 통해 충분히 확인할 수 있는 일이다. 그렇지만 이보다 더 중요한 사실은 회령이 김정숙의 고향이기 때문에 특별하다는 정서적 인식이 적어도 자신의 개인적인 이야기를 들려 준 20명의 마음 속 깊은 곳에 어느 정도 자리를 잡고 있는 것 같은 느낌을 발견하게 된다는 점이었다.

한 걸음 더 나아가 김정숙의 고향이라는 이 개념이야말로 북한 내 어느 지역을 가더라도 회령 사람의 "긍지감을" 가장 또렷하게 설명해 주는 면모가 아닌가 하는 생각이 들 정도였다. 김일성도 그렇고 그 아들 김정일도 생전에 김정숙의 고향이라는 이유로 회령을 찾았다는 이야기를 할 때 이들의 얼굴을 관찰해 보면 자칫 스쳐 지나가기 쉽지만 분명히 미묘한 자랑스러움의 기색이 감도는 느낌이 있었다.

그런데 회령 사람 20명의 기억 속에 등장하는 김정숙의 위치가 늘 이렇게 대단했던 것은 아니었다. 1970년대 이전, 회령 사람이 인식하는 김정숙의 위치는 분명히 오늘날 북한사회에서 널리 퍼져 있는 이미지와 사뭇 다른 것으로 나타난다. 20명의 이야기 속에 등장하는 김정숙의 모습이 지금과 같이 회령에서 대단한 인물로 떠올랐던 시점은 1974년이거나 1975년에 처음 "조선 치마저고리를 입은 동상이" 세워졌을 때 이후의 일이라고 이들은 기억했다.

한 마디로 요약하면 1970년대 중반까지 회령은 "김정숙의 존재와 무관한" 지역이었다는 것이 이들의 기억 속에 사실로 자리를 잡고 있었다. 이들은 각자 자신의 체험담을 생생하게 들려주었다.

1) 1970년대 초반, 동상이 들어서기 이전

20명 중에서 나이 어린 사람들은 1970년대 중반 이전의 회령 모습을 별로 기억하지 못하는 것으로 나타났다. 이런 결과는 오히려 당연한 일이 아닌가 싶다. 그런가 하면 그럭저럭 예전의 모습을 기억하는 연령층 사람도 있었다. 반면에 40대 중반 이후 연령층에서는 당시 상황을 마치 사진이라도 찍어 둔 것처럼 정확하게 서술하는 경우가 많았다.

특히 1970년대 중반, 회령 중심부 어느 동네에서 어린 시절이나 청년기를 보낸 사람들은 자신의 개인적 경험과 회령이 변모하는 시기를 연결하면서 직접 보고 들은 이야기를 "생동하게" 들려주었다. 어쨌든 이들의 이야기를 정리해 보면 적어도 그 시절에 김정숙이 회령에서 지금처럼 중요한 인물로 대접받는 사람이 아니었다는 점은 확실한 것 같다.

최옥란은 어린 시절에 오산덕동 김정숙 생가 바로 아래 살았다. 그 시절에 오산덕동은 그녀의 기억 속에서 절대로 좋은 동네가 아니었고 집도 별로 많지 않았던 것으로 남아 있다. 그 동네에서 아파트 같은 것을 본 기억은 없고 "김정숙 어머니 생가가 어디인지 전혀 모르고" 살았다. 1969년에 중학교 입학해서 1975년에 졸업했다. 그런데 중학교 다니던 시기에 김정숙 동상을 짓기 시작했던 일을 기억한다. 그 때부터 회령에서 김정숙이 중요한 인물로 떠올랐다. **최옥란**은 지금 회령소학교인 오산중학교 병설 인민학교와 회령여중을 졸업했다.[27] 인민학교 시절을 돌이켜보면 그 당시 학교 주변이 "엄청 지저분했던 것으로" 기억이 난다고 했다.

그 시절에 인민학교 옆으로 길을 따라 올라가면 제일 높은 지점에 향교가 있었다. 향교는 "옛날에 절을 믿는 것처럼 부처도 있고 기와집 안에 돌로 깍은 비석을 세워 둔 곳인데 원래 사람이 살았지만" 그 무렵에는 이미 폐쇄되어 사람은 없고 건물만 남은 상태였다. "조각상도 지저분하고 옛날 기와집 안에 시뻘겋고 시퍼렇고 하는 그림이 남아 있었다." 인민학교 다닐 때까지 분명히 향교가 있었는데 그 이후에 다 없어졌다. 그래도 향교마을이라고 하면 회령 사람 누구나 다 아는데 이상하게 지금도 그 동네는 재개발도 하지 않고 아파트도 "영 안 들어선다."

27) 평양이나 청진과 같은 큰 도시에서는 중학교 병설 소학교 (고등중학교 병설 인민학교) 유형의 학교를 찾아보기 어렵지만 학생 수가 많지 않은 지방에서는 이런 형태를 드물지 않게 볼 수 있다. 한편 북한당국은 1988년-1989년 당시 기존의 남학교와 여학교로 구분해 놓았던 학교체제를 일시에 남녀공학으로 바꾸었다는 점을 기억해 둘 필요가 있다.

최성이는 어린 시절에 회령이 특별한 역사가 있는 도시인지 잘 몰랐다. 살아계시면 100세를 넘기셨을 외할머니는 회령이 옛날부터 상업지역이라 왜정 때부터 상인이 몰려들었고 중국 사람도 드나들었다는 이야기를 자주 해 주셨다. 할머니 말씀에는 예전부터 회령은 땅이 척박하고 산이 많아서 큰 지주는 없었고 부자라고 하면 땅보다 산을 가졌거나 장사를 크게 하는 상업가가 좀 있었다고 하셨다.

어린 시절, 회령 사람들은 전체적으로 못 살았던 것으로 **최성이**는 기억한다. 그렇지만 학교 앞 회령 물고기상점에 가면 말린 명태 한 마리를 20전 주고 얼마든지 살 수 있었다. 그 시절에는 명태가 많았고 상점에도 잔뜩 쌓아놓고 팔았다. "쌓아놓은 명태더미 위에 파리가 윙윙 날아 다녔는데" 별로 사 먹을 생각도 하지 않았다. 그러다가 1982년인가 중국 사람들이 나와서 "한 마리에 20전 하던 명태를 10원씩 주고 막 사들이기 시작했다." 그렇게 중국 사람들이 사들이면서 조금 시간이 지나니까 "회령에서 명태가 싹 바닥을 치고" 갑자기 사라져 버렸다.

박찬문은 회령에 탄광기계공장을 새로 만들 때 제대군인 100명이 한꺼번에 그 공장에 무리배치[28] 받았던 일을 기억하고 있었다. 그 무렵에 군대를 제대하고 탄광기계공장에 배치를 받아 회

28) 북한당국이 간혹 사람들이 기피하는 직종을 대상으로 제대하는 군인이나 의무교육을 마친 학생을 집단적으로 배치하는 경우가 있다. 주로 탄광이나 농장, 염전 등을 대상으로 집단적으로 인력을 배치하는데 이런 상황을 무리배치라 한다.

령으로 들어왔기 때문이었다. 회령에 온 뒤 6개월쯤 지났을 때 결혼해서 독신자 합숙을[29] 빠져 나왔다. 당시 회령에는 물건이 부족해서 통행증 제도가 새로 생겼을 때 평양 가는 사람이 있으면 이것저것 사서 가져다 달라고 돈을 주고 부탁하는 일이 많았었다.

정혜봉는 1970년대 당시에는 회령 인구가 10만이나 되었을까 모르겠다고 말했다. 그런데 일 년에 5-6명씩 장사꾼이라고 색출해 낸 뒤 그들을 내세워 놓고 비판한 뒤 농촌으로 추방을 보내는 일이 있었다고 기억했다. 한 번 몇 사람을 추방 내보내고 나면 대체로 일 년 정도 잠잠하게 지내다가 또 어디선가 잡아서 소란을 피우고 교화를 보내고 그런 일이 반복되곤 했던 것으로 **정혜봉**은 기억했다.

김인선는 회령에서 어린 시절을 보냈다. 고등중학교를 졸업하고 19살에 유리병 공장으로 배치를 받았다. 유리병 공장에 다닐 때 남포유리공장으로 6개월 동안 실습을 나갔던 일이 있었다. 그때 "다오다지로 만든 교복을 그대로 입고" 단발머리 차림으로 남포에 갔다가 그 곳에서 처음 파마를 하고 집으로 돌아왔던 일이

29) 북한사회에서 주택은 원칙상 사고파는 매매의 대상이 아니다. 오직 당국의 필요에 따라 주택을 배정하기 때문이다. 그런데 주택 배정을 신청할 수 있는 사람은 기혼의 세대주이며 미혼의 독신자는 그 자격이 없다. 따라서 미혼인 상태로 집에서 출퇴근할 수 없는 지역에 직장 배치를 받으면 그 근처에 있는 독신자 합숙에 들어가서 생활해야 한다. 일반적으로 독신자 합숙은 대체로 한 방에 6-8명이 같이 사는 것으로 알려져 있다. 회령에 있는 김정숙교원대학 교원용 합숙에서는 한 방에 3명이 같이 기거했었다고 면담 대상자 중의 한 사람이 말해 주었다.

기억에 남는다. 그 시절에 다니던 유리병 공장은 지금 다 문을 닫았다. 유리병 공장의 부지 일부가 오지공장에 편입되었다가 나중에 기와공장으로 들어가기도 했다.

홍봉덕은 일곱 살 무렵, 군사복무를 하다가 제대하는 아버지를 따라 온 식구가 다 같이 회령으로 이사해 왔다. 그 무렵에는 회령은 시가 아니라 군 단위 지역이었다. 지금은 회령의 일부로 편입되어 들어온 유선은 그 당시 별도의 군으로 갈라져 있었다. 어린 시절, 회령에는 큰 건물이 없었던 것으로 기억했다. 그저 60년대에 지은 아파트가 좀 눈에 띄는 정도라는 것으로 그는 기억하고 있었다.

홍봉덕은 1970년 이전에는 김정숙 고향이 어디라고 널리 공개되어 있지 않았던 것으로 기억했다. 그저 회령 사람 일부만 아는 수준이었을 것이다. "국가가" 이런 정보를 공개하지 않았던 것으로 그는 기억하고 있었다. 당시 **홍봉덕**은 어린 나이였지만 아버지한테 들어서 회령이 김정숙의 고향이라는 점을 알고 있었다. 그런데 분명히 주변 사람들은 모르고 있었던 것 같다고 **홍봉덕**은 말한다. 그 당시에는 오히려 함흥을 중심으로 "김성애 동지를 떠받들어야" 한다고 사람들이 많이 들썩거렸던 것으로 그는 기억하고 있었다.

김성애는 김일성의 후처로 들어온 사람이다. 정확하게 언제 결혼을 했는지 알려지지 않았지만 1960년대 후반에는 "김일성 수상의 부인" 자격으로 외국 사절을 접견하는 등 비교적 대외활동을 활발하게 했던 인물이다. 처녀 시절, 김일성 서기실에 근무하다가 후처가 된 이후에는 북한 유일의 여성 조직인 "조선민주녀성동맹 중앙위원회 위원장" 직위를 역임하기도 했다. 1990년대 이후 최근까지 폴란드를 비롯한 동유럽 여러 나라에서 북한 대사를 역임하는 한편 김정일의 견제로 평양에 들어가지 못하는 것으로 알려진 김평일을 비롯하여 김일성과 김성애 사이에는 여러 명의 자녀를 둔 것으로 알려져 있다.

김정일이 권력을 손에 넣은 뒤 계모 김성애와 이복형제들을 이른바 "곁가지"로 몰아 제거하는 일에 골몰했었던 것은 잘 알려져 있는 사실이다. 이런 상황은 **장영일**의 이야기를 통해서도 확인할 수 있다. **장영일**도 자신의 어머니 또래 여성들이 예전에 "김성애 동지 연구실" 만들었던 일이 기억에 남는다고 회상했다. 그런데 "김정일 장군님" 올라서면서 "김성애 동지의 흔적은" 다 없애 버렸던 것이라고 그는 기억하고 있었다.

홍봉덕은 회령이 "어머니 고향으로" 전면에 나서게 된 시점은 "김정일이 나와서 유일사상을 떠들기 시작한 뒤에" 일이라고 기억했다. 김정일이 나서서 "어머니 고향" 회령의 초라한 모습을 없애고 개발하면서 동상도 만들고 사적관도 짓는 일을 했다는 것이다. 사실 그 당시 회령은 도로도 험하고 집도 초라했으며 잘 꾸며져 있지도 않았다. 그러다가 1974년-1975년 무렵에 회령천과 팔을천 주변에 제방을 새로 쌓고 정비하면서 회령 중심부에 아파트를 많이 건설하기 시작했다.

1970년대 초반 당시에는 김정일이 유일지도체계라는 것을 내오고 북한 전역에서 새땅찾기 운동을[30] 전개해 나가던 시절이었다. 새땅찾기 운동을 내세워 산비탈 경사진 면에도 다 밭을 만들었다. 북한 전역 곳곳에 산비탈을 깍아 만든 다락밭이 생겨난 것이 바로 이 시절의 일이다. 생각해 보면 그 이후에 북한 전역의 식량 사정은 조금씩 나빠지기 시작했다. 그렇지만 사람들은 국가에서 배급을 타서 먹고 사는 것 이외에 다른 방법은 생각해 본 일도 없었다고 **홍봉덕**은 회상했다. “소토지를 일구어 농사를 짓는 것도 늙은이들이 했었지,[31] 젊은 사람들은 땅을 뒤지거나 장사를 하는 일 같은 것은 아예 생각도 하지 못하는” 상황이 그가 기억하는 회령 사람들 생활 모습이었다.

홍봉덕은 회령 사람들이 유독 김정숙 생일을 잘 기억한다는 점을 지적했다. 그 이유는 회령시 인민위원회가 김정숙 생일에 맞춰 그 전 해 12월 24일에 설 공급을[32] 세대별로 나눠 주기 때문이라고 **홍봉덕**은 설명한다. “명절이라고 해도 일단 먹을 것이 있어야 하는데” 12월 24일에 맞추어 설 공급을 하니 회령 사람은 누구나 김정숙 생일을 잘 기억할 수밖에 없다는 것이었다.

---

30) 새땅찾기 운동은 1970년대 초반부터 북한당국이 식량증산을 목표로 다락밭 개간 운동과 함께 전개해 나간 생산증대 정책의 일환이었다.

31) 북한주민의 언어 습관상 늙은이라는 용어가 특별히 비하하는 의미를 포함하지는 않는다. 그런데 국내에 정착한 북한이탈주민은 이런 언어 습관으로 인해 간혹 주변의 어르신을 비하하는 것이 아니냐 하는 오해를 사기도 한다.

32) 북한당국은 새해 첫 날에 주민들을 대상으로 명절을 지내는데 필요한 물품을 특별 공급하는데 이것이 곧 “설 공급”이다. 새해 첫 날 이외에도 김일성 생일이나 김정일 생일에도 특별 공급을 실시해 왔다.

2) 1970년대 중반, 동상이 들어서는 무렵

1975년 당시 어느 날, 회령 주변 "강하천이 싹 바뀌고" 아파트가 들어서면서 "노동자들이 입는 조선 치마저고리 차림새를 한" 김정숙 동상이 시내에 처음 생겼다. 그리고 이 무렵부터 북한당국은 회령을 "김정숙 어머님" 고향으로 급격하게 부각시키기 시작했다. 한 마디로 회령의 역사는 1970년대 중반을 기준으로 그 이전과 이후로 "딱 구분이 된다고" 말하는 의견이 대세를 이루었다. 20명의 기억 속에서 그 시절에 회령이 변화하는 모습을 재구성해 보았다.

정혜봉은 회령 시내에 김정숙 동상이 처음 들어선 것은 1974년의 일이라고 기억했다. 처음 세워진 동상은 "치마저고리 입고 있었는데" 자신이 군대에 나갔다가 다시 회령에 돌아와 보니 "군복 입고 항일투쟁 하는 모습으로" 바뀌어 있었다고 했다. **정혜봉**은 자신의 기억을 더듬어 보면 분명히 동상이 들어서기 전에 회령 사람들이 김정숙에 대해 잘 모르고 있었던 것이 확실하다고 주장한다. 그야말로 어느 날 갑자기 회령 시내에서 "김정숙 어머님 고향집을 찾았다" 하는 소문이 돌았다는 것이 그의 의견이다. 그 집을 어떻게 찾았다고 소문이 났었는지 질문하자 **정혜봉**은 "찾기는 뭘 찾았겠느냐" 하고 반문했다. 대강 아무 장소나 선택했다는 것이 그의 의견이었다. 이 사람의 말을 조금 더 들어보기로 하겠다.

[사진 3-2] 군복입은 김정숙 동상
출처: 『조선녀성』 2005년 12월호

지금 생각해 보면 사람들이 그 자리가 좋겠다 하니까 적당한 장소를 그냥 찍은 것 같아요. 당시 오산덕동에 살던 2,000세대를 몽땅 철수시키고 "어머니 고향집이라고" 집을 하나 만들기 시작했습니다. 그래도 그 당시는 시절이 좋았을 때라서 이사해야 하는 사람마다 "국가가" 나서서 집을 다 배정해 주었으니까 그렇게 홀라당 한지에 나앉게 된 처지는 아니었습니다. 그렇게 2,000세대를 철수시키고 나서 그 자리를 깨끗하게 정리하고 공원처럼 꾸며 놓았어요.

최옥란은 1975년에 신입생으로 대학에 입학해서 꿈에 부풀어 있었다. 당시 회령교원대학은 시내에 학교 건물을 새로 짓는 중이었다. 원래 교원대학은 1970년쯤 청진1사범대학 회령사범분교로 금생에서 시작했는데 5년 뒤 회령교원대학으로 학교 체제를 바꾸고 새로 개교하게 된 것이라고 했다. 금생에 있던 학교를 회령 시내로 옮기는 과정에서 교원대학 학생들이 밤잠을 자지 않고 건물을 짓느라 고생을 많이 한 것으로 기억했다. **최옥란**은 자신이 대학을 졸업하던 1978년 당시에도 회령교원대학이 김정숙교원대학으로 이름을 바꾸지 않았던 점을 또렷하게 기억하고 있었다.

회령에 아파트가 들어서고 본격적으로 개발을 하기 시작한 것은 1975년 김정숙 동상을 세우고 난 다음의 일이었다. 동상이 들어서고 난 이후에는 회령 시내에 길도 닦고 단층집이었던 시 당 건물을 새로 짓고 그 앞에 광장도 넓게 만들고 상가도 지었다. 그 당시 회령에는 함경북도 25개 시군별로 다 돌격대가 들어와서[33)]

---

33) 북한당국은 대규모 공사를 시행할 때 건설전문 인력 이외에 돌격대를 조직해서 투

시내 곳곳에서 건설을 했던 사실이 **최옥란**에게는 강한 인상을 남겨 주었다.

당시 회령에 들어 온 돌격대 인원이 워낙 많아서 숙소가 부족할 정도였는데 어떤 사람은 개인집에 들어가 살기도 하고 널집을 지어서 집단으로 함바 생활을 하는 청년들도 있었다. 돌격대가 언제까지 있었는지, 또 이들이 언제 회령을 떠났는지 정확한 시기는 잘 기억나지 않지만 1975년 이후 적어도 몇 년 동안 이곳저곳에서 온 젊은 청년들을 시내에서 자주 만날 수 있었던 것으로 그녀는 기억했다.

최성이는 어린 시절에 살던 집 앞에 세워진 김정숙 동상이 “노동자들이 입는 한복” 차림으로 머리는 쪽을 지고 있는 모습이었다고 기억했다. 그러다가 몇 년 뒤에는 군복 차림으로 바뀌었다는 것이다. 새로 만들어 세운 동상에서 김정숙은 군복 치마 차림에 군모를 쓰고 진달래를 안고 있는 모습이었다고 했다.

1979년에 살던 집에서 다른 곳으로 이사했으니까 동상이 바뀐 것은 아마도 1978년이 아닐까 짐작한다고 그녀는 말했다. 그 무렵에 동상만 바뀐 것이 아니라고 **최성이**는 말해 주었다. 원래 동상 옆에 단층짜리 사적관이 있었는데 동상을 바꾸면서 사적관도

입하는 경우가 많다. 돌격대란 아마도 아마추어 건설노동자 집단이라고 해야 할 것 같다. 이들은 각 도·시·군 단위로 조직되어 건설현장에서 노동을 하면서 몇 개월이나 몇 년의 시간을 보낸다. 일반적으로 건설현장에서는 도·시·군 단위의 돌격대 사이에 경쟁심을 자극하느라 이들의 실적을 벽보나 속보판을 통해 공개하는 경우가 많다.

아래쪽으로 옮겼다고 했다. 3층 건물을 새로 지어 사적관을 그 쪽으로 옮겨 갔다는 것이다. 동상 옆에 있던 원래 사적관 자리는 선물관으로 만들었다. 어느 정도 시간이 지난 뒤에는 회령 시내에서 그나마 다른 곳보다 상대적으로 높은 지점인 백청산 위에 "불요불굴의 공산주의 혁명투사 김정숙 동지를 따라 배우자" 하는 구호를 크게 세웠던 일을 기억한다고 했다.

아직 20대 청년인 **리경훈**은 자신이 태어나기 전에 일어났던 일이지만 어른들 이야기를 통해서 당시 회령 상황을 알고 있었다고 말했다. **리경훈**은 자신이 직접 본 것은 아니지만 1974년에 치마저고리 차림의 김정숙 동상이 회령에 처음 들어섰고 1978년 무렵에 군복 치마를 입은 차림새로 옷차림이 바뀐 사실을 너무 많이 들어서 잘 알고 있다고 했다.

3) 1980년대 중반, 공사를 재개할 무렵

최옥란은 1980년대 들어서자마자 곧 "회령시내가 떠들썩하게 김정숙 어머니 생가를 다시 정비했던" 일을 또렷하게 기억하고 있다고 말해 주었다. "함경북도 전체에서 돌격대가 들어와서 동네 주변을 싹 헐어내고" 동상부터 세운 다음에 자신이 살던 집 바로 아래에 "김정숙 어머니 생가도" 짓고 박물관도 만들었던 것으로 기억했다.

[사진 3-3] 김정숙 생가
출처: 『조선녀성』 2005년 12월호

재미있는 사실은 **최옥란**의 기억 속에서는 당시 주변 어른들 중에서 김정숙 고향을 기억하는 사람이 한 명도 없었다는 점이다. 잠시 **최옥란**이 들려주는 이야기를 옮겨 보았다.

> 이거는 빅뉴스인데 북한에 있을 때 그렇게 들었어요. 원래 그 김정숙은 떠돌아다니던 사람이라 자기 고향도 잘 모른다고 그래요. 사람들이 하는 말은 6살 때 고향을 떠나서 두만강 건너갔다 그러는데... 그렇게 역사에 나오거든요. 그런데 솔직히 6살에 두만강 건넜는지, 개울 건넜는지 어떻게 알아요? 좀 뒤에서 말하기 좋아하는 사람들... 약간 똑똑한 사람들은 뒤에서 불평도 잘하거든요. 6살에 뭘 알아서 두만강 건넜는지, 개천을 건넜는지 알게 뭐냐고... 그냥 물을 건넜다고 하니까 두만강 건너갔다고 하는 것이겠지. 두만강 건너가면 바로 만나는 게 중국이니까...

최옥란은 지금 생각해 보면 북한당국이 중국 전체를 뒤져서 "김정숙 어머니 가족 7세대를 찾았다고" 하면서 "농촌경영위원회 옆에" 그 사람들 들어가 살 집을 짓고 이사하게 했던 일도 자신의 생각에는 "거짓말 같다고" 말해 주었다. 그녀가 하는 말을 더 들어보자.

> 가족이라고 하지만 뭐 삼촌이나 사촌처럼 가까운 사이도 아니고 6촌·7촌·8촌이나 되는가... 촌수도 멀어요. 그런데 그걸 다 중국에서 다 찾아왔다고 해요. 북한에 있던 사람들도 아니고... 중국에서 다 찾

아서 데려왔다는데... 청진에 4세대 가고 우리네 있는데 3세대 살게 하고... 회령에 7세대가 다 살지도 않았거든요. 그나마 지금은 다 빈 집으로 남아 있고 아무도 살지 않아요.

최성이는 1982년인가 김일성이 회령에 다녀갔던 것으로 기억했다. 김일성은 생전에 여러 차례 회령에 다녀갔는데 간혹 비공식 방문을 하는 일도 있었다는 것이다. 그녀는 1982년 당시에 김일성이 회령을 방문한 것이 공식행사인지 비공식 일정이었는지 확실히 기억이 나지는 않는다고 했다. 어쨌든 그 때 김정숙 동상도 다 세우고 건물도 준공한 상태에서 김일성이 온다고 했으니까 당시 회령시 당 책임비서가 자신이 세운 성과라고 보여주면서 뭔가 "선물을 받으려[34] 했을 것으로" 자신은 생각한다고 **최성이**는 말했다.

그 당시 새로 세운 김정숙 동상을 보고 김일성이 직접 "군복 입은 모습이 훨씬 보기 좋다, 젊어 보인다" 하고 말했다는 소문이 돌았다. 그래서 그런지 김일성이 다녀간 뒤에 백청산에 구호를 써서 세우고 회령 시내에 집도 짓고 도로 포장도 새로 하는 등 활발한 움직임이 일어났다고 기억했다.

최성이는 회령 시내에 김정숙 친척들이 모여 살기 시작했던 것도 그 무렵의 일이라고 말해 주었다. 김정숙 친척이라고 하는 사

34) 북한주민의 언어 습관에서 선물이라는 단어는 김일성·김정일이 다른 사람에게 "하사하는 물건을 가리킬 때" 사용하는 용어로 한정되어 있다. 그 이외에 가족과 친지, 친구 사이에서 서로 물건을 주고받는 행위는 기념품을 나눈다고 서술한다.

람이 12명 정도 있다고 들었는데 중국에 흩어져 살던 그들을 데려다가 회령 시내에 집을 마련해 살게 해 주었다는 것이다. 그들이 사는 집 옆에 회령시 안전부가 있었는데 안전부 자리도 다 옮겨갔다. 이런 작업을 다 마무리한 것이 1985년 무렵의 일이라고 **최성이**는 기억했다.

최성이는 그 당시야말로 회령이 “제일 절정이었던 시기가 아닐까” 하는 생각이 든다고 했다. 회령은 원래 길이 하나만 있는 외길 도시인데 그 무렵부터 그 길이 위쪽으로 자꾸 늘어났던 것으로 기억한다고 그녀는 말했다. “어느 날 포장도로가 더 늘어나고 또 어느 날 더 늘어나고” 하더니 지금 회령호텔이 있는 자리까지 이어지는 길을 다 포장하게 된 것이라고 말해 주었다. 회령역에서 회령호텔까지 거리가 대략 15킬로미터 정도 되는데 이렇게 조금씩 도로를 포장하다가 어느 덧 끝까지 다 완성하게 되었다는 것이다.

회령 시내에 아파트가 많이 들어선 것도 이 시기의 일로 **최성이**는 기억했다. 원래 회령역과 회령호텔 사이에 큰 건물은 회령경공업전문학교와 지금 김정숙교원대학으로 부르는 회령교원대학이 있었을 뿐이며 그 사이에는 건물이라고 부를만한 것이 전혀 없었다고 했다.

그러다가 경공업전문학교와 교원대학 사이 공터를 아파트로 다 채워 넣은 것이 이 무렵의 일이라고 **최성이**는 기억하고 있었다. 식료전문학교 옆으로 올라가는 길에 자그마한 단층이었던 호텔을 4층짜리 건물로 지어 옮기면서 시내 도로를 완비한 시기도 아마 1985년 무렵이지 않을까 하는 것이 그녀가 기억하고 있는 내용이었다.

1985년 이후에는 한동안 회령에서 별다른 건설 작업이 없었다고 **최성이**는 지적했다. 그 이유는 한 마디로 1989년에 제13차 세계청년학생축전을 평양에서 개최하면서 그 준비를 하느라 1986년-1987년 당시에는 지방 건설 사업을 "다 죽여 버렸기 때문이라고" 설명했다. 그 무렵에는 북한 전역에서 물자와 사람을 차출해서 평양으로 옮겨 놓느라 회령에서 건설 사업을 일으킬 여력이 없었을 것이라고 그녀는 말했다. 그리고 제13차 축전이 끝난 뒤에는 "경제가 다 무너져 내렸으니까 뭔가 하려도 해도 물자를 구할 수 없는" 상황으로 변해 버렸을 것이라고 설명했다.

1985년이 지나면 회령 꾸미기 작업을 어느 정도 완료한 것으로 봐야 한다고 주장하는 사람은 **최성이** 이외에도 여러 명 있었다. **리경훈**은 1989년에 평양에서 치른 제13차 세계청년학생축전에 필요한 인력을 각 지방에서 차출하느라고 회령 꾸미기는 1985년 무렵에 마무리할 수밖에 없었다고 주변 어른들이 말했던 것으로 기억하고 있었다. **김인선**은 1980년대 중반에 회령 꾸미기 작업이 끝나고 나서 1990년에는 회령을 "읍에서 시로 승격하는 조치를 중앙에서 내려 보냈던 일을" 기억하고 있다고 말해 주었다.

홍봉덕은 1987년이 "김정숙 탄생" 70주년이 되는 해인데 그 일을 기념하려고 1980년대 초반부터 회령시를 새롭게 변모시키는 작업을 시작했었다고 주장했다. 당시 북한 전역에서 출발한 지원단체가 속속 회령에 도착하고 건설인력도 쏟아져 들어왔다. 이렇게 들어 온 사람들이 회령 시내 전체를 "완전히 우라까이[35] 시켰던 것으로" **홍봉덕**은 기억하고 있었다.

재미있는 사실은 이렇게 대대적으로 건설 작업을 하면서 회령시 명칭에 "김정숙 이름을 가져다 붙이려고" 애를 썼는데도 "아쉽게" 실패한 일이 있었다는 점이다. "아무래도 김정숙 이름이 붙으면 중앙에서 돈이 따라 내려오니까" 양강도 신파군 당 책임비서가 먼저 "손을 뻗쳐" 그 지역의 공식 명칭을 김정숙군으로 바꾸는데 성공했다. 회령은 김정숙이 태어난 고향이지만 신파는 김

---

35) "우라까이 시켰다" 하는 표현은 일본어에서 유래되어 나왔다. 옷감의 안팎을 완전히 뒤집어 놓는다는 의미를 지니고 있다. 그런데 북한주민들 사이에서 이 표현은 어느 지역을 완전히 바꾸거나 특정 기관에서 문제가 있는 사람을 완전히 제거한 뒤 새로운 인물로 채워 넣는다는 의미로 쓰이기도 한다. 1990년대 후반, 청진을 중심으로 6군단 사건이 일어났을 때 "그 지역 군인들과 강원도 지역 군인을 완전히 우라까이 한 뒤에 6군단을 없애고 9군단을 만들어 넣었다고" 설명하는 것이 구체적인 용례의 하나라 하겠다. 북한에서는 순수한 우리말을 지켜 왔다고 생각하는 사람들은 이와 같은 외래어 표현을 보면서 당황할지도 모르겠다. 그런데 현실을 들여다보면 북한당국과 주민들은 생활 속에서 러시아어나 일본어·중국어에 어원을 둔 외래어를 자주 사용하는 것으로 나타난다. "한 고뿌 꼴뚝" 채워 달라거나 "이신작칙의 모범을" 보여야 한다고 주장하는가 하면 어느 해에는 "뽄트가 없어서" 대학시험을 보지 못했다고 표현하는 사례는 북한당국이 발행하는 문서 뿐만 아니라 사람들의 이야기 속에서도 쉽게 목격할 수 있다. 그러니 결국 북한에서 외래어를 사용하지 않는다는 것은 정확한 표현이 아니다. 그보다는 오히려 북한에서는 "북한식 외래어를 사용하고" 있다고 표현해야 할 것이다. 이 문제와 관련한 내용은 김석향 (2003) 『북한이탈주민의 언어생활에 나타나는 북한언어정책의 영향』 제2장과 제4장에서 좀 더 자세하게 확인할 수 있다.

정숙이 "항일활동을 했던" 지역이기 때문에 그 쪽에서도 김정숙이라는 이름을 가져다 쓸 명분을 갖고 있었다고 했다. 결과적으로 회령은 도시의 명칭을 김정숙 이름으로 바꾸는 "특권" 대신 인근의 유선을 포함하는 등 행정권이 미치는 영역을 확대하는 방식으로 대응했다는 것이다.

1980년대 중반 당시, 회령은 이미 함경북도 안에서 제일 규모가 큰 군으로 성장해 있었다. 군 단위에서는 제일 인구도 많았고 국경을 끼고 있는 지역이라서 중국 사람이 도강증만 들고[36] 오면 회령 장마당에 들어와서 자신이 가지고 온 물건을 직접 팔 수 있게 해주었다.

그러나 당시 회령 시내에 "농민시장만 있었는데[37] 그 곳에서 농토산물이나 팔게 하고" 중국 상품은 내놓지 못하게 "법에서" 단속하고 있었다고 **홍봉덕**은 기억했다. 이런 상황에서 "법관들의 단속을" 피해 다니며 장사하다 보니 자연스럽게 회령 시내에도 홍콩시장이[38] 만들어지게 된 것이라고 **홍봉덕**은 설명해 주었다.

---

36) 북·중 국경지역 거주자들은 굳이 여권과 비자 없이 도강증만 들고 왕래하는 경우가 있다고 이들은 말해 주었다.

37) 1958년 당시 북한당국은 모든 산업시설을 국유화하고 개인에게 분배했던 토지를 거두어 들여 협동농장을 만드는 일을 완결했다. 이 과정에서 "자본주의의 잔재" 농민시장은 "곧 없어지겠지만 아직 없어지지 않은 상태로" 남았다. 북한당국은 농민시장에서 집에서 기르는 채소나 달걀 등 소소한 "농토산물" 판매만 허용했고 공산품이나 주요 식량 거래는 금지해 왔다.

38) 홍콩시장이라는 명칭은 북한 전역 곳곳에 등장한다. 면담 과정을 통해서 회령 뿐만 아니라 사리원에도 홍콩시장이 존재한다는 사실을 확인했다. 이런 점으로 미루어 볼 때 홍콩시장은 특정한 장소의 고유명칭이 아니라 북한 전역에서 중국 물건을 쉽게 구할 수 있는 장마당을 통칭하여 부르는 이름인 것 같다.

라은향은 그로부터 조금 시간이 지난 뒤 1990년 이후 1993년 사이에 회령에서 "역전 건물을 새로 세우고 산원도 만들고 인민 도서관도 세웠던" 일을 기억했다. 중학교 다니던 시절에는 "바께쯔를 들고 산원 건설장에 막 일하러 다니고" 했었다고 자신의 경험담을 털어 놓았다. 당시 "회령시 책임비서가 림옥봉이었는데 그 사람이 이것저것 일을 많이 벌려 놓은 인물이라고" **라은향**은 지적했다. 그녀가 기억하는 당시의 회령 상황을 들어보고자 한다.

> 예전에는 회령에 포장도로가 좀 없었어요. 기본 도로 내놓고 포장된 도로는 없었죠. 그러다가 이쪽에 포장도로는 아니지만 도로를 더 만들었고 금생리 넘어가는 곳에 줄다리를 하나 놓았어요. 그 다음에 뭐지...그 물고기 기르는 양어장도 남문동 쪽에 생겼고... 양어장은 아마도 2000년... 아니다... 우리가 양어장 건설을 다녔으니까... 90년대에 생겼을 거예요. 그런데 결국 그게 뭐 다 고기가 한 마리도 남지 않고... 양어장을 크게 만들었어요. 학교 운동장 크기만큼...물고기는 한 3개월이나 길렀을까요? 그 다음에 웅덩이 판 채로 그냥 두고... 괜히 사람들만 다니기 불편하게 만들었죠.

20명이 들려주는 이야기를 정리하면 결국 오늘날 회령의 기본적인 모습은 1985년을 전후하여 사실상 완성되었던 것 같다. 회령 시내를 관통하는 기본 큰 도로를 "예전 역 앞에서 호텔까지" 모두 포장을 한 것도 그 때 일이고 도로 주변에 "비어 있던" 공터에 아파트를 세운 시기도 1985년 무렵이었다고 이들은 기억했다.

그 이후에는 "꽤 오랫동안" 회령에서 대규모 건설공사는 일어나지 않았다. 아마도 북한당국이 1989년에 치른 제13차 세계청년학생축전 준비에 몰두하느라 여력이 없었을 것이고 그 이후에는 1990년대 들어 고난의 행군기를 거치느라 "물자가 다 말라버렸으니" 비록 "김정숙 어머니 고향이라고 해도" 특별히 큰 공사를 새로 시작할 상황은 아니었다고 이들은 지적했다.

4) 2000년대 후반, 김정숙 100돌 준비

회령에서 다시 대규모 공사가 벌어진 것은 "김정숙 탄생" 90돌 준비를 시작했을 때 일이었다. 김정숙은 1917년 12월 24일 출생했다고 하니 2007년은 그녀가 태어난 지 90주년이 되는 해였다. 그런데 2007년인지 2008년인지 확실하지 않지만 김정일이 회령을 방문한 일이 있다고 말해주는 사람들이 많았다. 이들의 이야기를 요약해 보면 당시 김정일은 "50만 달러인지 500만 달러인지" 그 액수는 확실하지 않지만 막대한 외화자금을 시 인민위원회에 주면서 회령을 전체적으로 다시 꾸리라고 지시했다는 소문이 돌았다는 것이다.[39)]

---

39) 20명을 면담하는 과정에서 이런 비슷한 사례를 자주 경험했다. 사람에 따라 같은 일이라도 언제 발생했는지 서술하는 연도를 서로 다르게 말해주는 경우가 많았다. 그리고 면담 대상자가 이야기를 하면서 돈의 단위를 혼동하는 사례도 아주 흔하게 나타난다. 처음 연구를 시작하면서 면담을 진행하던 시기에는 이들의 오류를 바로 잡으려고 나름대로 애를 쓰곤 했었다. 그런데 시간이 흐르면서 점차 사람마다 기억하는 숫자를 수정하지 않고 그대로 기록하는 방향으로 대응방식에 변화가 생겼다.

2000년 이후 회령의 모습이 어떻게 변화해 왔는지 회고하는 사람들 이야기를 정리해 보기로 하겠다. 우선 **최옥란**은 김정숙 90돌을 전후하여 "회령을 다 뒤집어 놓고" 아파트를 세우는 일이 벌어졌다고 말했다. 김정일이 회령에 온 뒤 김정숙 90돌 기념사업으로 회령 시내 곳곳에 아파트 한 동씩 지으라고 북한 전역의 각 기관과 기업소에 배정해 주었다는 것이다. 그런데 "중앙에서는 시멘트나 필요한 물자는 하나도 내놓지 않고" 각 기업소와 기관에 자재를 대고 공사를 하도록 할당을 해서 사람들 고생이 많았다. 문제는 막상 회령 주민들이 "어느 기관에서 어떤 건물을 맡아서 짓는지" 관심도 없고 잘 알아보려고 하지도 않았다는 점이다. 고향을 떠나 멀리 회령까지 와서 힘들게 공사하느라 고생했던 사람들 입장에서는 이런 상황이 굉장히 억울한 일이었을 것이라고 **최성이**는 지적했다.

리경훈은 당시 회령에서 김정일의 방문을 앞두고 기본 큰 도로 옆에 음식거리를 만들고 도시 전체를 완전히 새로 정비했던 일을 기억했다. 회령호텔 앞에 식료가공 공장을 세워 1차 식품을 만들어 내는 한편 회령관이라는 식당도 새로 문을 열었다. 심지어 중학교 졸업자 중에서 22세 이하로 키가 160센티미터 넘는 예쁜 여자는 전부 선발하여 회령관 접대원으로 배치하는 파격적 조치를 취하기도 했다.

이 책에서도 꼭 필요한 경우가 아니면 20명이 들려주는 숫자와 정보를 수정하거나 보완하지 않고 그대로 제시해 두었다.

이렇게 "요란스레" 지원하다 보니 한동안 흥성거리며 장사가 되는 것 같더니 결국 "조금 지나 지원금이 떨어지고 조용해졌다." 그 다음부터 회령관이 계속 멈춰 있었던 것으로 **리경훈**은 기억했다. 어쩌다 김정일 방문 행사라도 있으면[40] 그 시기에 맞춰 며칠 동안 회령관 문을 열고 가동하고 지나가고 나면 다시 문을 걸어 잠근다는 것이다.

박찬문은 2008년에 회령 시내 음식거리를 조성하고 회령관이라는 이름의 국수집 문을 열었던 것으로 기억하고 있었다. 회령관은 처음부터 하루 2시간 정도 운영했다고 **박찬문**은 말했다. 그렇게 큰 음식점을 만들어 놓고 하루 2시간 정도 문을 여는 이유가 무엇인지 질문하자 **박찬문**은 "식료가공공장에 원료가 없는데" 어떻게 식당 문을 오래 열겠느냐 하고 되물었다.

김인선은 2009년 12월 24일에 김정일이 다녀갔는데 회령 시내에 그 때부터 음식거리 만든다고 한동안 "가정부인들 동원에 나오라고 시끄럽게" 굴었던 일이 있었다고 날짜까지 정확하게 기억했다. 자신은 그 당시에 다니던 직장을 그만 두고 가정부인으로 지내고 있었는데 인민반장이 계속 쫓아다니면서 동원 안 나오려면 하루 3,000원씩 벌금을 내라고 "시끄럽게" 굴었다는 것이다.

---

40) 김일성은 비교적 공식 방문을 하는 일이 많았는데 그 아들 김정일은 "새벽에 몰래 왔다가 간 다음에" 그 사실을 알려주곤 했다고 면담 대상자 중의 한 사람이 말했다. 또 다른 사람은 김정일이 "새벽에 몰래 다녀간" 뒤에는 대체로 "장군님께서 인민을 괴롭히지 않으려고 조용히 돌아보고 가셨다" 하는 설명이 뒤따라 나왔다고 덧붙였다.

> 24일에 김정일이 왔다갔는데 그때부터 음식거리를 짓는다고 난리예요. 먹고살기 바쁜데 가정부인들 다 끌어내는 거예요. 음식거리 만들어서 회령시를 깨끗하게 꾸리겠다고…먹고살기 바쁜데 음식거리가 뭐예요? 거추장스럽고 불편하기만 한 거죠. 장사하러 시장 나갈 시간도 안주고 막 끌어내거든요. 북한 같은 경우는 사실 남자는 편하잖아요. 여자들이 다 벌어가지고 먹고 사는데,… 그러다가 가정부인들 시장도 못 나가게 아예 시장까지 문 닫아버리고 나와서 일하라고 끌어내는 거예요. 안 나가면 얼마씩 내라고 하는데, 자기 손에 돈 없으니까 할 수 없이 나가서 일하는데 얼마나 힘들어요? 여성들이 블로크 있잖아요~블로크… 벽돌 같은 거.., (시멘트 블록?) 그런 거 막 들고 나가고 강에 가서 모래 파오고 이렇게 해서 음식거리 만들었어요.

김인선은 2009년에 회령이 유난히 농사가 안 된 것으로 기억하고 있었다. "너무 가물어서 곡식이 제대로 크지도 못한" 상태였고 "깜부기만 많고 두부콩 같은 것은 자라다가 중간에 대벌레가 먹은 채 다 죽어서" 무척 힘들었다고 **김인선**은 말했다. 처음에는 날이 가물어서 비가 안 온다고 걱정했는데 막상 곡식이 다 자라 여물어 갈 때 폭우가 쏟아져서 많이 떠내려갔다는 것이다. 하필이면 그렇게 "이상한 해에" 음식거리 짓는다고 사람들 못살게 구니까 좋은 소리를 들을 수 없었던 것이라고 그녀는 회상했다.

2009년에는 회령 시내에 행정구역이 바뀌는 일도 있었다고 **김인선**은 기억했다. 원래 시내 중심은 성천동인데 오산덕동에 혁명 사적지가 있으니까 "그 동네를 내세워 주느라고 역전동 큰 길

위쪽이 오산덕동으로 들어가고" 아래쪽은 그대로 역전동으로 남겨두었다는 것이다.

김인선은 음식거리 만드는 일과 관련하여 이야기를 하다가 재미있는 상황을 한 가지 지적했다. 그녀는 "생각해 보니까 2007년-2008년 사이에 회령 시내에서 개인 음식점 단속을 대대적으로 했던" 일이 기억난다고 말했다. 자신의 기억을 돌이켜 보면 분명히 2007년 이전에 개인이 음식장사 하는 것을 단속하지 않았는데 2007년 들어 갑자기 회령에 "비사회주의 그루빠가[41] 들어와서 단속하면서 벌금 물리고 시설 빼앗고" 하는 일이 계속 이어졌다고 했다.

그러다 보니 점차 개인 영업집이 없어졌는데 그 이후에 회령시 당국이 직접 사람들을 동원해서 음식거리도 만들고 음식점도 크게 지었다는 것이다. 지금 와서 생각해 보면 개인 영업집에서 음식을 팔아 돈을 많이 벌었다는 사실을 알고 난 뒤에 회령시 당국이 직접 그 돈을 벌어들이려고 경쟁상대를 미리 싹 없애고 음식거리를 만들겠다고 사람들을 동원해서 공사를 벌인 것 같다고 **김인선**은 해석했다. 이런 분석이 얼마나 정확하게 현실을 반영하는지 알 수 없지만 **김인선** 이외에도 비슷한 이야기를 들려주는 사람이 꽤 많았다.

41) 북한사회 전역에서 사회주의 현상에 어긋나는 행위를 단속한다는 명목으로 소위 비사회주의 그루빠가 활동을 하는 경우가 많다. 비사회주의 그루빠가 활동하는 기간 동안에는 단속원들이 사실상 초법적 지위를 누리면서 인민들을 "못살게 군다고" 했다.

홍봉덕은 2008년-2009년 무렵에 김정일이 회령에 와서 50만 달러를 주고 갔는데 그 돈으로 음식거리를 만들었다고 주장했다. 음식거리를 만들 때 자신이 "직접 기초를 쌓고 다 지었는데" 이제 다 완공이 된 상태라는 점을 **홍봉덕**은 여러 번 강조했다. **홍봉덕**의 주장에 따르면 회령이 "1975년에 한 번 변하고 1985년에 또 한 번 변한 뒤에는 은덕원을 세우고[42] 도로나 다듬는 정도로 조금씩 달라졌고 크게 변한 것은 없었는데" 김정일 왔을 때 100미터 정도 되는 도로 구간에 식당 건물 세우고 음식거리를 완공하는 등 많이 바뀌었다는 것이다.

> 김정숙 동상 앞에 2층짜리 식당건물 짓는 거예요. 회령시 설계가 동상 앞에다 역전을 옮기게 되어 있었거든요. 원래 국가에서 지원되는 애들이 더러 들어왔댔어요. 걔들이 김정숙 탄생 100돌까지 회령 바꾸는 일을 다 집행시킨다... 김정일은 그렇게 생각했을 거예요. 100돌 맞으면서 철도 역전 옮기고 다리를 놓고 그 옆에 음식점을 체계적으로 다 준비하거든. 식당까지 완공시키고 나면 하나둘 나간다는 것이지. 걔네가... 그런데 그만한 돈이 없어요. 결국은 일전도 안주면서 사람들 일을 시키니까... 밥이나 한 끼... 점심으로 국수나 주면서 일 시키는데... 간부들은 알겠지...중앙에서 돈을 얼마 받아 와가지고 건설 시작했는지 알겠지.

---

42) 은덕원은 회령 시내에 있는 종합편의시설 건물의 명칭으로 보면 될 것 같다. 이 건물 안에는 목욕탕이 있다. 그리고 이발소와 미장원 등 편의시설도 그 안에 자리를 잡고 있다. 원래 은덕원 자리에는 창광원이 있었는데 기존 건물을 허물고 새로 지으면서 이름을 은덕원으로 바꾸었다. 이와 같은 종합편의시설은 북한 내 주요도시마다 다 있다. 평양에는 창광원이나 문수원・북새원 등이 유명하고 나선경제특구에도 창광원을 짓는다는 이야기가 나오기도 했다.

김정신은 회령이 확 변한 것은 2005년-2006년 무렵에 은덕원이 생겼을 때 일이라고 기억했다. 당시 은덕원을 2년 정도 지었는데 예전에 살림집 있던 것을 다 철거하고 그 자리에 새로 건물을 지었다고 했다. 회령에서 은덕원 빼고 볼만한 건물이 없다고 그녀는 말했다. 은덕원이 아니라면 외부 사람이 갈만한 곳은 아마 김정숙 동상이 유일한 관광지일 것이라고 지적했다. 회령에서는 동상을 "제일 내세우고 사상 위주로 움직이니까" 중국 사람이 탄 관광버스가 매일 들어오고 북한 전역에서 대학생 답사단이 몰려 온다는 것이었다.

윤진덕・윤세평・박승극은 2008년-2009년에 대대적으로 회령 시내 중심에 아파트를 건설했다고 말했다. 아파트 공사가 원래 예정보다 늦어져서 2010년 여름에도 다 끝나지 않은 곳이 있었지만 그 뒤로 점차 사람들이 들어가 살기 시작하는 것을 보고 북한을 떠났다고 했다.

그런데 아파트 공사라는 것이 대체로 벽체만 세우고 나면 급하게 마무리하니까 실제로 들어가 살 사람들이 내부를 다 꾸며야 한다는 것이다.[43] 문제는 이렇게 대대적으로 지어 놓은 아파트가 1-2년 지나면서 벌써 절반은 다 벽체에 금이 가고 갈라져 있는 상태라고 세 사람은 지적했다.

---

43) 북한에서는 아파트를 짓는다고 해도 내부 시설을 제대로 꾸미지 않은 상태에서 공사를 마무리하는 것이 일반적인 관행이라고 여러 사람이 지적해 주었다. 그러다 보니 아파트에 들어가서 살려면 처음에 "시멘트 덩어리가 버석버석한 상태에서 청소하고 도배하는 일부터 시작해야 살 수 있는 꼴을 갖추게 되는 것이라고" 설명해 주는 사람이 많았다.

아파트가 3층짜리도 있고 4층짜리도 있는데 지나가면서 보면 벽에 틈이 다 드러날 정도로 갈라진 집이 많아요. 그런데 중간에 이만큼씩 벽체가 떨어져 나가 있어도 사람들이 그냥 그 집에서 살아요. 이미 들어갔으니까... 한 번 들어간 집에서 그냥 나오면 자기만 손해를 보니까 할 수 없이 사는 거예요.

사실 회령천 주변에 아파트를 지으면서 주변의 모습은 여러 측면에서 예전과 많이 달라졌다고 했다. "회령천을 정비하면서 물길을 다 직선으로 펴놓았다가" 아파트 공사에 쓸 모래를 파내느라 "죄다 뒤져 놓아서" 지금은 도로 원상복구가 된 상태로 변하고 말았다는 것이다.

2. 회령의 또 다른 얼굴: "조선의 홍콩"

회령은 오늘날 북한에서 김정일의 생모 김정숙의 고향이며 "사회주의 사상을 지키는" 선봉으로 한껏 칭송을 받는 도시로 평가를 받지만 그것이 전부는 아니다. 오히려 이런 이미지와 정반대로 비사회주의 현상이 만연해 있고 최신 추세가 유행하는 지역이다. 그런 의미에서 회령의 또 다른 얼굴을 나타내 주는 표현으로 자주 등장하는 문구가 바로 이것이다:

"조선의 홍콩!"

회령이 "조선의 홍콩"으로 변모하기 시작했던 것은 1980년대 이후의 일이었다고 **최성이**는 말한다. 당시 회령시 중심 지역에 이른바 홍콩시장이 생겨나고 "사람들이 돈 맛을 알기" 시작했다는 것이었다. 자신이 청진으로 대학공부를 하러 갔을 때 "김책이나 길주, 명천, 부령 등 함경북도 각 지역에서 온 학생들과 함께 어울려 지냈는데 처음에 그들의 차림새와 의식수준이 회령에 있는 친구들과 비교해 볼 때 한참 뒤떨어져서 놀랐다고" 말했다. 반면에 함경북도 내 다른 지역에서 온 친구들은 자신을 향해 "회령 부르조아"라고 불렀다는 것이었다.

상황이 이러하니 자연스럽게 "조선의 홍콩" 회령에 거주하는 청년 중에는 사상적으로 불순한 사람이 많다는 이야기도 나온다. 또한 여러 형태의 불법행위로 돈을 버는 장사꾼을 시내 곳곳에서 볼 수 있는 도시가 바로 회령이라는 의견도 많았다.

회령의 또 다른 측면을 나타내 주는 이런 이미지는 오늘날 북한사회 전반에 걸쳐 분명하게 존재하는 것 같다. 면담 대상자 20명도 회령이 한편으로 "김정숙 어머님" 고향의 긍지감을 갖고 있지만 또 한편으로 이렇게 양면성을 지닌 도시라고 지적한다.

1) 회령: 비법(非法)의 중심

회령 주민이 다양한 유형의 비법(非法) 행위에 노출되어 있다는 의견에 대해서 면담 대상자 20명이 모두 어느 정도 사실로 받아들였다. 정도의 차이는 있지만 회령에서 비법 행위가 많이 일어나는 현실은 부인할 수 없다고 이들은 모두 인정하였다. 특히 마약이 범람하고 중국 손전화 사용이 북한 내 어느 지역보다 쉬운 곳이 바로 회령이라고 이들은 말했다. 자연히 회령에는 돈이 많이 굴러다니고 다른 지역보다 탈북이나 비법월경을 시도하는 사람도 흔히 볼 수 있는 실정이라고 이들은 공통적으로 주장했다.

(1) 마약: 아편・얼음・빙두・아이스44)

회령 시내에 마약이 퍼지기 시작한 시점이 언제인지 사람에 따라 서로 다르게 지적했다. 그러나 2001년-2002년부터 2004년-2005년 사이의 어느 시점부터 이른바 빙두・얼음・아이스라는 명칭으로 회령 사람들 사이에서 필로폰이 점차 알려지기 시작했던 것으로 지적한다는 점에서는 모든 면담 대상자가 공통성을 지니고 있었다.

이렇게 처음 마약의 존재가 알려지는 단계를 넘기고 난 뒤에는 2005년을 전후하여 마약을 단속한다는 포고문이 나왔는데 실제로 "법관들이 쎄게" 단속에 나서면서 역설적으로 평범한 사람까지 오히려 더 얼음을 찾는 "이상한 현상이" 나타났다고 했다. 그래도 2005년 무렵에는 아직 "힘도 있고 돈도 있는" 사람이나 비

44) 북한 사회에서 필로폰은 얼음・빙두・아이스라는 명칭으로 부른다. 면담 대상자 중에서 간혹 아이스가 영어인지 물어보는 사람이 있었지만 반면에 빙두가 중국어로 얼음을 뜻한다는 사실은 다 아는 것 같았다. 이들은 대화를 하면서 얼음・빙두・아이스라는 명칭을 뒤섞어 사용하고 있었다.

싸게 사서 쓰는 정도였지만 2008년 이후에는 나이 어린 학생까지 다 얼음을 하다가 "문란에 빠져"[45] 휘청거릴 정도로 회령 시내에 많이 퍼져 나갔다는 것이 이들의 의견이었다.

최근에 회령 주민 중에서 마약을 하는 비율이 어느 정도인지 질문했을 때 20명의 면담 대상자가 적어도 50% 수준은 넘는다고 대답했다. 드물지만 아예 100% 다 한다고 단정하는 사람도 있었다. 이런 사람들은 "저 나라는 가만히 두어도 마약 때문에 곧 망할 것이라고" 단언하거나 "어린아이까지 얼음에 빠져 있으니 차라리 빨리 망하는 것이 좋다" 하고 격정을 토로하기도 했다.

회령 시내에 마약이 얼마나 널리 퍼졌는지 보여주는 구체적 사례로 간부들 접대하는 방식이 달라졌다는 사실을 지적하는 사람도 있었다. 예전에는 평양이나 청진에서 간부가 내려오면 "식사를 시키고 여자를 대접하고 돈을 쥐어주었는데" 얼음이 퍼지면서 접대 방식이 달라졌다는 것이다. "돈을 넣고 여자를 넣는 것은" 달라지지 않았는데 식사 대신 "기체식사라고 하는 얼음을 들여보내면" 일이 더 잘된다고 했다. "얼음 한 모금 나누고 연기를 같이 마시다 보면 사업토의도 잘 되고 목적을 쉽게 달성하게" 된다는 것이 이들의 의견이었다.

---

45) 면담 대상자 20명 중에서 주로 2008년 이후에 최종 탈북을 한 사람들은 얼음·빙두·아이스로 부르는 필로폰 중독 증상이 나타나는 상태를 가리켜 "문란에 빠지다, 문란이 왔다" 하는 표현을 사용했다. 반면에 2005년 이전에 북한을 최종적으로 떠난 사람들은 이 표현을 잘 모르거나 아예 처음 들었다고 하는 경우도 있었다. 이런 점으로 미루어 얼음이 대대적으로 확산되어 나간 시점이 대략 2008년 이후의 일이라는 것을 짐작할 수 있었다.

면담 대상자 20명은 대체로 마약과 아편을 구분하고 있었다. 그런데 아편보다 마약의 중독성이 약하다고 주장하는 사람이 많다는 점이 특이했다. 이런 사람은 대체로 아편을 "한 번 시작하면 죽을 때까지 끊기 힘들지만" 마약은 자신의 의지로 끊는 것이 힘들기는 해도 불가능한 일은 아니라고 강조한다. "3일 동안 먹고 자고 하면서 돼지처럼 이겨 내면 마약을 7-8년 하던 사람도" 끊을 수 있다는 것이다.

이들의 주장을 요약하면 마약은 아편과 달라서 "애착심은 생기지만 중독이 되는 정도는 아니다" 하는 내용이다. 면담 과정에서 이런 주장을 강하게 설파하는 사람을 간혹 볼 수 있었다. 애착심이 생긴다는 것이 곧 중독 증상이나 마찬가지 아니냐고 질문하면 이런 사람은 강하게 반발하면서 서로 완연하게 다르다는 논리를 펼친다. 한 걸음 더 나아가 얼음을 하는 것을 꼭 "나쁘게 볼 필요는 없다" 하는 주장을 내세우기도 한다. 북한에 살다 보면 "보는 것마다 다 신경질 나는 일인데 이거라도 해서 편안해지면 싸움을 그만 두게 되니까 결국 세상 평화롭게 만드는 물건이" 바로 마약이라는 논리가 이들이 주장하는 내용의 핵심이다.

그런가 하면 마약이 중독성 강한 물건이라는 것은 잘 알지만 농촌에서 병원도 멀고 약도 많지 않으니까 어쩔 수 없이 써야 하는 형편이라고 설명하는 사람도 있었다. 이런 사람은 대체로 빙두를 하면 "허리도 안 아프고 풍이 오지 않고 뇌혈전을 치료하는 효과도 있다고" 강조한다.

한편 농촌에서는 아편을 재배해서 비상약으로 가지고 있는 경우도 많다고 이들은 설명한다. 요즘에도 노인들이 집 근처 빈 터에 양귀비를 심어 그 줄기에서 나오는 액을 받은 뒤에 고체 형태로 굳혀서 비상약 삼아 보관해 두는 경우가 많다고 말했다. 그리고 아이들이 "배가 아프고 설사를 하거나 감기에 걸렸을 때" 양귀비 줄기를 삶아서 그 물을 마시게 하면 된다고 하는 사람도 여러 명 있었다. "다 죽어가던 아이도" 금방 털고 일어나니까 병원도 없고 약국도 없는 농촌이나 산골에서는 그만한 비상약이 없다고 경험담을 들려주기도 했다.

리경훈은 빙두 1그램으로 3-4회 사용할 수 있는데 그 가격이 엄청난 수준이라고 했다. 빙두 1그램을 사려고 하면 중국 돈으로 적어도 100-150원은 줘야 한다는 것이었다. 회령에서는 2007년 이후 도박하는 사람들이 비싼 돈 내고 빙두를 하면서 며칠 밤 계속 잠을 자지 않고 화투나 주패를 하는 경우가 많았다고 했다. 빙두에 취한 상태에서 살인을 저지르는 사람도 있었는데 사건이 났던 그 무렵에 잠시 소문이 돌았을 뿐, 조금 지나니까 금방 잠잠해져 버렸다고 말했다.

김현숙은 2007년-2008년 당시에 빙두를 사용한 양에 따라 범죄자를 총살형이나 교화형으로 처벌한다고 선언하는 포고문이 나왔던 것으로 기억했다. 포고문에 명시해 놓은 처벌 유형 중에는 자신의 집에서 몇 미터 밖으로 나가지 못하게 하는 자택교화도 있었다고 **김현숙**은 말해 주었다.

회령에서 마약이 많이 퍼진 것은 2008년-2009년 무렵의 일이었는데 그 이후에는 어린 학생들도 다 하는 것 같았다고 **김현숙**은 주장한다. 얼마나 마약을 많이 하는지 그로 인해 가정불화를 겪는 사람들 숫자가 확 늘어났다고 했다. 그런 사람이 얼마나 많았는지 심지어 재판소에서 마약 때문에 이혼하겠다고 신청하는 경우에는 이혼을 허용하지 않겠다고[46] 북한당국에서 선전사업을 한 일이 있을 정도라고 설명했다.

김인선은 자신이 2000년 이후에 식당에서 일을 하거나 직접 운영을 하며 지켜봤는데 최근에는 사람들이 마약한다는 것을 숨기려 하지도 않는다고 한탄했다. 나이 어린 중학생 또래 아이들도 “자체로 공구를 만들어” 빙두를 하는 일도 많다는 것이다. 2006년-2007년 무렵에는 회령 시내에서 밤새 빙두를 하면서 노름에 몰입하던 사람들 4세대를 적발한 뒤 모두 산간벽지로 추방하는 일이 있었다고 했다.

그런데 당국에서 추방을 하고 강력하게 단속한다는 포고령을 내려도 소용이 없다고 말하는 사람이 많았다. 오히려 빙두를 하면 졸음이 오지 않는다고 선전하는 꼴이나 마찬가지라고 **김인선**은 주장했다. 빙두에 대해 전혀 모르던 사람도 포고령을 보고 난 뒤에는 “얼음을 하면 졸음을 쫓을 수 있다는” 사실을 알게 되는

---

46) 북한당국은 1950년대 중반에 호주제를 폐지하고 합의이혼를 없앤 뒤 이혼은 재판을 거쳐 허락을 받아야 가능하도록 제도를 정비해 놓았다. 그러나 북한당국은 가정을 사회의 세포로 규정하고 될 수 있으면 이혼을 허용하지 않는 방침을 적용해 왔다. 북한 내 이혼과 관련한 상황을 묘사한 소설로 백남룡이 지은 『벗』이 있다.

경우가 많다는 것이다. 이렇게 새로 얼음의 효력을 알고 나면 그 때부터 더 찾아다니는 사람도 종종 볼 수 있다는 것이 **김인선**의 의견이었다. “이런 식으로 가다가 얼음 때문에 곧 망할 것 같다” 하는 생각이 들 정도라고 **김인선**은 앞날의 일을 걱정하는 마음을 털어 놓았다. 이미 회령 시내 중심부 상황은 몇 집 걸러 한 집씩 빙두를 팔아 돈을 벌고 있지만 법관들은[47] 더 이상 막을 의지도 없고 또 막는다고 해도 별다른 효과는 얻지 못하는 것 같다고 했다.

장영일은 북한의 내륙 지방은 모르겠지만 국경지역은 대체로 다 마약에 물들어 있다고 주장했다. 회령 시내와 그 주변에는 “안 들어간 곳이 없이 100% 다 퍼져 있는” 것이 현실이라고 **장영일**은 강조했다. 회령 출신이라고 말하는 북한이탈주민에게 얼음을 아느냐고 물어 봤는데 모른다고 하면 회령 사람이 아니거나 거짓말하는 것이라고 **장영일**은 단언했다. “어린애까지 싹 다 알고” 있을 뿐만 아니라 아이들도 얼음을 한다는 것이 그의 의견이었다. 세 살짜리 아이도 “이거 얼음이 아닌가” 하고 알아볼 정도로 널리 퍼졌다는 것이다. 심지어 중독의 위험성을 잘 모르는 부모가 “아이한테 자지 말고 공부하라고” 얼음을 주는 일도 있었다고 했다.

47) 일반적으로 북한주민이 법관이라고 부르는 사람은 판사・검사가 아니다. 우리의 경찰에 해당하는 인민보안원을 법관으로 부르는 경우가 많다. 간혹 국가안전보위부 소속의 보위원도 법관이라고 부르지만 인민보안원을 그렇게 지칭하는 것이 가장 일반적이라 하겠다.

김세익은 자신이 얼음의 역사를 "정확하게" 알고 있다고 강조했다. 얼음은 이른바 "조국해방전쟁"[48] 당시에 북한당국이 야간에 군인들을 재우지 않으려는 목적으로 만들어 냈다고 그는 주장했다. "베타메탄올이라고" 마약이 아니라 환각제를 처음 만들어 낸 것이 시작이었다고 **김세익**은 강조했다. "조국해방전쟁" 당시 평양시 상원군과 칠골거리에서 환각제를 비밀리에 만들어 전쟁터에 나가는 군인에게 주고 해외에도 좀 팔아먹었다고 그는 말했다. 이 때 "마약 제조 방법을 배운 퇴물들이" 훗날 함흥에서 개인적으로 얼음을 만들어 내기 시작했다는 것이 그의 주장이다.

김안전은 김정일이 외화벌이 수단으로 마약을 조직적으로 만들어 낸 것이라고 주장했다. 세계적으로 떠들어 대지 않으면서 밀매를 통해 제일 돈을 많이 벌 수 있는 것이 바로 마약이라고 그는 말했다. 한동안 아편도 북한당국이 주도적으로 재배했던 외화벌이 항목의 하나였다고 **김안전**은 강조했다. 그의 이야기를 더 들어보고자 한다.

> 북한에서는 이미 오래 전부터 각 기관별로 외화벌이 과제를 하게 되어 있습니다. 기업소에서도 송이를 캐거나 다른 방법으로 외화벌이를 할 수밖에 없어요. 어쨌든 각 단위마다 얼마씩 중앙에 외화를 바쳐야 합니다. 그런데 외화를 어느 정도 바치라고 하면서도 막상 국가적으

---

48) 북한당국은 6·25전쟁을 조국해방전쟁이라 부르며 자신들이 조국해방을 목적으로 싸운 것이라고 역설한다. 1996년 이후 정전협정기념일인 7월 27일을 "조국해방전쟁 승리 기념의 날"이라는 명칭의 법정 공휴일로 정해 두었다.

로 뭐 주는 게 없어요. 자체로 외화벌이 기지를 만들라고 하는 것이나 같지요. 외화벌이라고 하면 불법 수단을 동원해도 묵인해 줍니다. 그러니까 하부 단위에서는 아편이나 마약을 생산해서 팔아넘기는 게 제일 확실해요.

김세익은 회령이 마약을 유통하고 사용하는 지역이기는 해도 생산해 내는 곳은 아니라고 했다. 주로 함경남도 함흥에 위치한 함흥제약공장이나 함경북도 청진에 있는 라남제약 주변에서 개인이 생산하는 마약이 국경지역에 들어오게 된다고 그는 설명했다.

정혜봉은 아무래도 함흥제약공장 주변이야말로 북한 전역에서 가장 마약을 많이 생산하는 곳으로 꼽힐 것이라고 말했다. 외화벌이 하는 사람들이 돈은 많으니까 중국에서 원료를 사서 들여온 뒤 함흥제약공장 박사들 시켜서 마약을 생산하는 경우가 많다는 것이다. "어차피 제약공장에서 연구할 것도 없으니까" 돈을 얼마 주겠다고 하면 그 사람들은 "무엇이나 다 생산해 준다고" **정혜봉**은 설명한다.

김안전도 마약이 "앞쪽에서 들어와서" 회령이나 무산·온성 국경을 거쳐 중국으로 빠져 나간다는 것은 의문의 여지가 없는 일이라고 말했다. 그 앞쪽이 어디냐고 질문했더니 **김안전**은 함흥을 지적했다. 함흥에서 주로 마약을 생산하다 보니 그 근처인 단천은 회령보다 앞서서 이미 2007년 전후로 "다 절단이 나 버린" 상태라고 **김안전**은 강조했다.

리경훈은 "마약을 단속해야 하는 법관들이 오히려 다 얼음에 빠져 있는" 상태라고 지적했다. 사실상 면담을 하는 과정에서 "법관들이 더 마약을 하는 지경이라고" 말해 준 사람은 **리경훈** 이외에도 여러 명 있었다. 이들은 경찰에 해당하는 인민보안원[안전원]을 대체로 법관이라고 부르고 있었다. 그 법관들이 요즘에는 "무조건 사람을 잡으면 그 때마다 뭔가 뜯어낼 것을 찾으려고" 야간순찰을 많이 한다고 했다 그런데 밤에 잠을 자지 않고 사람들 단속을 하자면 빙두라도 해야 졸음을 막을 수 있다는 것이었다.

결론적으로 법관들은 야간에 순찰을 하려면 빙두를 해서 졸음을 막아야 하는데 빙두를 하려면 야간순찰을 해서 사람들한테 뭔가 뜯어내서 빙두를 살 돈을 마련해야 하는 악순환 구조를 이루고 있다고 이들은 말했다. 게다가 법관들 중에서는 누군가 단속해서 빙두를 압수했을 때 그것을 규정대로 다 소각하지 않고 몰래 빼돌려서 자신이 직접 사용하거나 다른 사람에게 돈을 받고 팔아넘기는 일을 많이 하는 사람이 점차 늘어나고 있다는 것이었다.

(2) 불법 돈 장사

북한당국의 특징 중에 하나는 외환관리를 엄격하고 철저하게 한다는 점이다. 업무상 외환을 취급할 일이 없는 평범한 주민이 달러나 유로·엔·위안을 소지하고 있다면 그 사실만으로 이미 불법행위로 처벌을 받을 요건을 갖춘 셈이다. 그럼에도 불구하고 북한주민 중에서 집 안 어느 구석에 달러나 엔·위안을 감추어 두지 않은 사람이 거의 없는 것이 최근의 현실이다.

2010년 9월 이후 꾸준히 북한이탈주민을 직접 면담하면서 얻은 결론은 북·중 국경지역과 그 주변에서는 중국의 위안화가 사실상 기본 화폐로 통용되고 있는 실정이라는 것이었다. 반면에 이른바 “앞쪽 지대로” 통하는 강원도와 황해도, 평양과 그 주변 지역에서는 위안화보다 달러를 선호하는 것으로 판단된다. 재미있는 사실은 북한당국이 2002년 하반기에 달러를 대신하여 유로화를 기본 통화로 사용할 것을 결정해 두었지만[49] 이런 조치가 주민들의 일상생활에 별다른 영향을 미치지 못하는 현상이 나타난다는 점이다. 한 마디로 말해서 유로화를 집 안에 감춰두는 북한주민은 거의 없는 것 같았다.

한동안 조총련을 중심으로 일본에 거주하는 친척들이 북송재일동포에게 송금하는 돈 덕분에 주민들 사이에서 엔화가 많이 돌아다녔던 시절이 있었다. 그러나 일본당국의 제재로 지금은 북한주민들 사이에서 돌아다니는 엔화의 규모도 많이 줄었다. 그만큼 북한주민들 일상생활에서 엔화의 영향력도 점차 약화되는 현상을 관찰할 수 있다.

---

49) 2003년 1월에 청진을 방문했을 때, 청진관광호텔 1층에 위치한 매대 안내판에서 향후 달러화에서 유로화로 기본통화를 변경했다는 내용을 직접 읽은 경험이 있다.

어쨌든 평범한 일반주민이 외화를 소지하는 것 자체가 불법인 상황이지만 회령 시내에서 돈 장사를 만나는 것은 전혀 어려운 일이 아니다. 회령종합시장 입구에 가보면 "인물이 좀 괜찮은 처녀들이" 북한 돈과 중국 돈을 바꾸라고 권하는 장면을 쉽게 볼 수 있다는 것이 **박승극**의 경험담이었다. 이런 처녀들은 시장 입구에 자리를 잡고 담배 몇 갑 들고 서서 손님을 기다린다고 했다. 그러다가 "돈 좀 쓰는 티가 탁 나는" 사람이 지나가면 "담배 사세요, 담배 사세요" 하면서 가까이 가서 분위기를 살피다가 돈을 바꾸라고 권한다는 것이다.

반면에 **김인선**은 **박승극**과 다른 유형의 경험담을 들려주었다. 시장에 가면 다른 물건을 파는 사람들은 다 "사시오, 사시오" 하면서 손님을 부르는데 돈 장사는 가방을 차고 아무 말 없이 서 있다는 것이었다. 그래도 누가 돈 장사하는 사람인지 금방 찾을 수 있다는 것이 **김인선**의 의견이었다. 돈을 바꾸고 싶으면 이런 사람에게 다가가서 "페[50] 좀 바꿔야 되겠는데" 하고 말하면 조용한 곳으로 옮겨 거래를 한다는 것이었다.

김안전도 돈 장사는 조용히 해야지 알려지면 좋을 것이 없다고 강조했다. "아무래도 압수를 당하거나 끌려가서 돈의 출처를 캐느라 고생할 가능성이 높아진다고" **김안전**은 그 이유를 설명해 주었다.

---

50) 이들은 중국 위안화를 인민페나 페라고 부르는 경우가 많았다. 간혹 인민비나 비라는 명칭으로 부르기도 한다.

반면에 돈 장사를 하는 행위는 당연히 불법이지만 "그런 일을 하는 애들은 합법이나 다름없이" 마음 놓고 편안하게 지내면서 "활개를 치고 다닌다" 하고 주장하는 **최옥란**은 **김안전**과 완전히 상반되는 의견을 강조한다. 물론 불법은 불법이니까 "안전원들이 단속을 하러 나올 때 돈을 조금 뜯기는 경우가 없는 것은 아니다" 하는 것이 **최옥란**의 의견이었다. 그렇지만 이런 장사는 돈 많은 사람이 하고 또 "깨끗한" 일이다 보니[51] "안전원한테 잡혀 갔다고 하더라도" 크게 위험한 지경에 빠지는 경우는 별로 없다고 설명했다.

무엇보다 돈 장사를 하는 사람은 대부분 "평소에 안전원한테 자주 뇌물을 바치면서" 어떻게 해서라도 좋은 관계를 맺어 두려 애를 쓴다는 것이다. 돈 장사를 하는 사람들은 평소에도 자신과 관계가 있는 "안전원 몇 명 정도를 관리하는 것이" 보통이라고 했다. 주기적으로 어느 정도 돈을 주거나 명절 때 필요한 물건을 제공하는 방식으로 "안전원을 관리한다는" 것이다. 그러다 보니 "안전원한테 단속을 당하는 경우에도 모든 것을 다 뺏기지는 않는다." 또 조금 뺏긴다고 해도 "뇌물을 고이면 대부분 고스란히 찾을 수 있는" 것이 현실이라고 했다.

---

51) 북한이탈주민이 말하는 깨끗한 일이란 아마도 육체적으로 힘들지 않고 "안전원한테 단속을 당해도 험한 꼴을 당할 가능성도 별로 없는" 반면에 이윤은 "몇 곱으로" 남는 장사를 말하는 것 같다.

[사진 3-4] 화폐개혁 이전에 사용하던 북한 돈

(출처: 2013년 2월, 중국에서 구입한 북한화폐)

[사진 3-5] 화폐개혁 이후에 새로 발행한 북한 돈

(출처: 2013년 2월, 중국에서 구입한 북한화폐)

김인선은 2004년-2005년 무렵, 망양동에 시장이 있었을 때 회령 시내에서 본격적으로 돈 장사가 등장했던 것으로 기억했다. 그 이후에는 돈 장사를 하는 사람들 숫자도 늘어났지만 이들이 "굴리는 돈의 규모도 나날이 커졌다" 하는 것이 **김인선**의 의견이었다. 2009년이었는지 그 시기는 확실하지 않지만 어떤 돈 장사가 돈을 많이 가지고 있다는 소문이 돌면서 그 사람을 살해한 사건이 일어나기도 했다. 그런가 하면 돈 장사를 하는 여자 남편이 바람이 나서 아내를 죽였다는 소문이 돌아서 화폐개혁 직후에 안전부에서 회령 시내 돈 장사들을 상대로 전반적인 수사를 벌인 일도 있었다는 것이다.

돈 장사가 언제부터 회령 시내에 나타났는지 기억하는 시점은 사람에 따라 다르게 나타났다. **김인선**과 다르게 **김안전**은 회령 시내에 불법으로 하는 돈 장사가 본격적으로 나타난 시점은 2000년 무렵의 일이라고 주장한다. 반면에 합법적인 돈 장사가 회령 시내 장마당에 나온 것은 1999년 무렵이었다고 **김안전**은 주장한다. 김안전이 이렇게 주장하는 근거를 들어보기로 하자.

> 사실 1990년대 어느 때부터 중국 사람이 합법적으로 북한 내 장마당에 들어와서 매대를 내주기 시작했어요. 아예 하루에 얼마씩 자리세를 내고 자기가 가져 온 상품을 팔 수 있게 해 주었습니다. 이 사람들은 화교가 아니고 중국에서 완전히 장사하려고 들어 온 사람들입니다. 친척 방문을 하러 왔다고 해도 장사가 기본 목적인 것이죠. 이 사람들이 장사해서 남은 돈을 달러나 일본 엔화로 가져갔어요. 중국

에 가져가면 이익이 더 많이 남는다고 하던가.....세관에서 다 통제하는데 숨겨서 가져갔어요.

김안전이 말하는 내용은 결국 북한당국이 중국 사람에게 합법적으로 장사하도록 허락한 만큼 이들이 수익금을 바꿀 수 있게 합법적인 돈 장사를 허용했는데 여기에서 불법 돈 장사가 파생되어 나왔다는 이야기인 것 같았다. 어쨌든 회령 시내에서 돈 장사가 처음에 시작되던 무렵에는 장사를 하러 들어 온 중국 사람들이 북한 돈을 받고 달러나 위안화로 바꿔주는 것이 곧 돈 장사의 의미였다고 했다.

반면에 북한 사람이 "국돈을[52] 내고" 달러나 엔화·위안화를 사려고 하면 일이 한층 복잡해진다는 것이 그의 의견이었다. 그 시절에도 몰래 돈 장사를 하는 사람이 있기는 했는데 아무나 가서 쉽게 만날 수 없는 실정이었다고 말했다. 권력이나 재산이 없는 평범한 사람이 외화를 구하려고 하면 돈 장사를 잘 아는 사람을 먼저 찾아서 그 선을 통해 접근해야 겨우 만나주는 정도였다는 것이다. 이 과정을 반복하다 보니까 점차 불법 돈 장사를 하는 사람들이 늘어나고 그 규모도 커지게 된 것으로 **김안전**은 분석했다.

---

52) 국돈이라는 용어는 북한 화폐를 의미한다. 간혹 내화·내화돈이라는 용어를 사용하는 사람도 있었다.

회령에서 불법 돈 장사가 성행하는 이유는 아무래도 중국과 가까운 지역이기 때문일 것이라고 이들은 생각했다. 돈 장사를 하려면 북한 내부는 물론이고 중국에 있는 사람들과 신속하게 연락을 주고받으면서 외국 돈 시세를 정확하게 파악해야 하는데 회령은 그런 목적으로 중국 손전화를 사용하기 좋은 지역이라고 했다. 회령에는 돈 장사하는 화교도 많은데 이들이 비교적 신용도 잘 지키기 때문에 안전하게 외국 돈을 거래할 수 있다는 것이었다.

본격적인 돈 장사의 형태로 볼 수는 없지만 1980년대 당시에 공식환율과 장마당 시세 차익으로 간부들이 이익을 보는 일이 많았다고 **최성이**는 지적했다. 당시 회령 시내에서 간부들이 중국으로 출장을 나갈 때 출장비로 받은 중국 돈을 장마당에서 북한 돈으로 바꾸면서 차익을 남겼다는 것이었다.

> 1980년대 초반에 공식환율은 중국 돈 1원에 북한 돈 1.05원을 했어요. 그런데 장마당에 나가면 중국 돈 1원에 북한 돈 20원씩 바꿔 주었습니다. 그 무렵에는 "외화와 바꾼 돈표"라는 게 있어서 미국 달러나 일본 엔화는 전부 그걸로 바꿔야 쓸 수 있었는데 유독 중국 돈은 그런 게 없어도 쓸 수 있었어요. 그런데 당시 회령 시내에서 간부들이 중국으로 출장을 갈 때 중국 돈으로 105원을 받았습니다. 그 돈을 장마당에 나가서 북한 돈을 바꾸는 사람들 많았어요. 그런 게 바로 간부들이 누리는 혜택이라고 봐야 합니다.

한편 시장에 나오는 불법 돈 장사 중에 남자는 한 사람도 없었다고 이들은 공통적으로 지적해 주었다. 남자들은 대체로 뒤에서 돈 장사하는 여자를 보호해 주는 일을 하기는 해도 직접 시장에 나가서 "앉은장사를[53] 하는" 일은 없다고 했다. 그렇게 본다면 시장에 나와 있는 남자들은 "노동능력 상실자나 불구자"일 가능성이 크다는 것이 이들의 의견이었다.

(3) 여자들의 탈북 현상

면담 대상자 중에서 최종 탈북 시점이 최근에 가까운 사람일수록 자신이 떠날 때 회령 시내에서 젊은 여자를 보는 것이 점차 어려워지는 단계였다고 지적하는 경우가 많았다. 젊은 여자가 탈북해서 중국이나 한국에 간 뒤에 돈을 보내오는 집이 그야말로 "한 집 건너 하나씩" 될 정도라는 것이 이들의 주장이었다. 한 개 인민반에서 대략 절반 이상의 가구는 다 탈북자 1-2명은 있는 것이 최근 회령 시내 상황이라고 이들은 말한다. 그리고 탈북한 사람 중에 상당수는 젊은 여자라는 것이었다.

김세익은 "그게 언제 일이었는지 명확하게 기억할 수 없지만" 중앙당에서 비사회주의 그루빠가 내려왔을 때[54] 회령 전체가

53) 장마당에 매대나 좌판을 두고 앉아서 장사를 하는 형상을 이들은 앉은장사로 표현했다.
54) 중앙당이라 함은 조선노동당 중앙위원회를 의미한다. 한편 비사회주의 현상을 단속하는 그루빠를 축약하여 비사회주의 그루빠, 또는 비사 그루빠로 부른다.

온통 울음바다로 변했던 사건이 있었다고 지적하면서 자신이 직접 목격한 장면을 이야기해 주었다. 그 때 회령에서는 "한 집 건너 다 추방령이 떨어지고 교화소 간 사람도 숱하게" 많았다는 것이다.

회령이 그렇게 혹독하게 당한 이유는 "중앙당 비사 검열의 첫 번째 타격 대상이라서" 그렇게 된 것이라고 **김세익**은 설명했다. 그 당시 일을 돌이켜 보면 평양에서 "39호 부부장이 책임자로 내려오고 중앙 사로청, 중앙 검찰소, 중앙 재판소, 중앙 보안서에서[55] 다 직접 내려와서" 회령 시내를 샅샅이 뒤지면서 실사를 했다는 것이다.

> 들어가 보니 이 집에도 딸이 없고 저 집에도 딸이 없고... 조사해서 따지기 시작하니까...누구 통해 보냈다는 게 드러나면 그 사람 붙들어 추방시키고 매일 공개재판하느라 회령역에서 기차 빵통이 세 번인가 네 번인가 나갔어요. 그 때 회령시 당에서 인신매매 법 규정도 만들고 총살을 하나, 둘...다섯인가 했겠다. 유선에서 둘 총살하고 회령에서 셋 총살했어요.

김세익은 사건의 발단이 "뱀골초소를 통해 회령 시내에는 (젊은 여자들이 전부 탈북해서) 전주대하고 남자 밖에 없다고 했던

55) 북한이탈주민과 대담을 하는 과정에서 별다른 설명이 없이 중앙이라는 표현을 사용하면 대부분 평양의 권력 중심부를 의미하는 것으로 파악하면 된다. 이 경우에 중앙 사로청이라고 하면 평양에 있는 김일성사회주의청년동맹 중앙위원회를 의미한다.

말이[56] 중앙에 흘러 들어간 탓이라고" 진단했다. 뱀골초소에서 누군가 평양에 갔다가 이런 말을 했는데 그 소문이 퍼지는 바람에 중앙당에서 직접 검열이 내려오게 된 것이라고 설명했다.

당시에 "중앙당 검열단이 방침을 받아서 직접 내려왔으니[57] 시당에서도 꽤나 시끄러워 했다." 중앙당에서 내려온 사람들이 요란스레 검열을 하면서 회령을 온통 다 뒤집어 놓는 과정에서 탈북 현상과 관련이 없는 일반 범죄자도 많이 색출을 당했다. 어쨌든 검열 과정에서 일단 문제가 있다고 판단해서 "걸러낸" 여자들은 대체로 개천관리소로 보내고 남자는 전거리에 있는 12호 관리소로 보냈다고 **김세익**은 설명했다. 그런데 이 사람들이 회령을 떠나가는 장소가 눈물바다를 이루었다는 것이다.

> 개천관리소 한 번 가자면 교통이 대단히 불편해요. 회령에서 청진 나가서 청진에서 신의주 가는 빵통을 타야 합니다. 그런데 개천관리소 가는 회령 여자가 얼마나 많은지 안전부 계호가 부족할 정도였어요. 결국 재판 끝나고 그 여자들 다 한 차에 태워 데려 갔습니다. 원래 죄수 호송할 때 안전부에서 식비를 내야 하는데 그럴 형편도 안되니

---

56) 전주대란 전봇대를 말한다. 전주대와 남자 밖에 없다는 말은 결국 회령 시내에 거주하던 젊은 여자들이 대부분 탈북을 해서 남아있지 않은 상황을 비유한 표현이다.

57) 비사회주의 그루빠가 특정 지역에 와서 검열을 한다는 것은 대부분 도 단위의 기관들이 움직이는 경우가 많다. 말하자면 회령에 비사회주의 그루빠가 내려 왔다고 하면 함경북도 도청이 있는 청진에서 사람들이 오는 것이 일반적인 경우라는 뜻이다. 그런 의미에서 평양에서 중앙당 검열단이 직접 내려오는 것은 예외적인 상황이라 하겠다. 게다가 중앙당 검열단이 방침을 받고 내려왔다는 것은 매우 심각한 상황을 의미한다. 왜냐하면 이 경우에 방침을 받았다는 것은 김정일이 직접 지시한 사항이라는 뜻이기 때문이다.

까 죄수들 집에서 가지고 나오라고 통보했거든요. 야…회령 시내 버스 타는 곳에서 여자 30명을 한꺼번에 데려 가는데…한 집에서 3명씩 나온다고 해도 그 울음바다가…그런 장면은 아마 직접 본 사람이 없을 겁니다. 사진작가 있으면 잘 찍어 두었겠지요? 그렇게 사람 하나 내보내면 한 집안에서 2-3명은 반감을 가지게 되는데 쟤네는 몰라요. 대가리만 있는 민둥이 정치하느라…

2) 회령: 외부 추세의 통로

북·중 국경지역에 해당하는 회령에서는 외부 추세라고 하면 대부분 중국에서 들어오는 새로운 유행 현상을 말한다. 이 점을 염두에 둔 채 회령 출신 북한이탈주민 20명의 이야기를 다시 들여다보면 재미있는 현상이 나타난다. 대부분 자신의 고향인 회령이 북한에서는 외부의 새로운 추세를 가장 먼저 받아들이고 다른 지역으로 퍼뜨리는 역할을 한다고 자부하는 모습을 관찰할 수 있었던 것이다.

물론 그 중에서 아무래도 새로운 추세의 중심지는 평양이라고 인정하는 사람이 없는 것은 아니지만 그런 경우에도 대체로 조건이 붙는다. 적어도 여자들이 선호하는 새로운 추세의 옷을 사려면 아무래도 평양보다는 회령에 와야 "더 좋은 물건을 더 좋은 가격에" 살 수 있다고 주장하거나 씨디알(CD-R)을 비롯하여 디비디(DVD)·엠피삼(MP3)·엠피사(MP4)[58] 등 몇몇 분야에서 회령이 훨씬 앞선다고 강조하는 경우가 그런 사례에 해당한다.

문제는 오늘날 북한 사회에서 옷차림이나 가전제품·가구는 물론이고 유행의 첨단을 걷는 영상이나 음악을 듣는 행위는 그 자체로 이미 불법으로 단속의 대상이 되는 경우가 많다는 점이다. "김정숙 어머님의 고향" 회령에 사는 사람들이 이런 분야에서 새로운 추세를 받아들이는데 앞장선다는 사실은 북한 사회의 기준으로 볼 때 충분히 문제가 될 소지가 있는 행위로 평가하는 것이 당연하다. 그런데 자신의 이야기를 들려 준 20명의 면담 대상자는 대부분 회령이 북한 내 어느 지역보다 외부 추세를 빨리 받아들이고 널리 퍼뜨리는 중심지 역할을 한다는 사실을 뿌듯한 "긍지감"의 원천으로 삼고 있었다. 아래 제시하는 사례를 통해서 이렇게 쉽사리 이해하기 어려운 논리의 모순을 살펴보고자 한다.

(1) 옷차림과 장신구의 유행

원래 함경북도 지역에서 새로운 유행의 흐름은 평양에서 청진을 거쳐 회령으로 들어온다고 **리경훈**은 설명했다. 일단 회령 시내 중심으로 들어와서 유선이나 궁심·금생·창효 같은 주변지역으로 그 추세가 퍼져나간다는 것이었다.

그런데 유독 옷차림은 이런 흐름에서 예외로 봐야 한다고 **리경훈**은 주장한다. 적어도 이 분야만큼은 회령이 독보적이라고 그는 자

58) 씨디알(CD-R)·디비디(DVD)·엠피삼(MP3)·엠피사(MP4) 등은 면담 대상자 20명의 발음을 그대로 받아 기록한 것이다.

신의 생각을 강조했다. 평양이나 청진 사람도 추세를 따라 새로 유행하는 옷을 사려면 회령 시장으로 찾아오는 경우가 많다고 했다.

김안전은 북한 사람들 옷차림이 단조롭기도 하지만 워낙 당국에서 이것저것 규정을 만들어서 사람들 복장을 단속하다 보니까 추세를 따라갈 수 없는 것이라고 불평했다. 청바지나 짧은 치마를 입지 못하게 했을 뿐만 아니라 여자들은 작업장을 벗어난 곳에서 바지를 입을 수 없다는 규정을 만들어 놓고 늘 단속했다는 것이다. 여자가 바지를 입고 거리에 나가서 돌아다니면 규찰대가 단속하고 비판서 쓰게 한다고 말했다.

북한당국이 제시하는 틀에 맞추려면 매일 "김정일 잠바만 입고" 돌아다녀야 한다는 것이다. 그런데 회령 시내에 나가보면 규찰대가 단속할만한 옷차림으로 돌아다니는 사람들이 많다고 **김안전**은 강조했다. 별로 추세를 따를 것 같지 않은 남자들 옷차림에도 "부장동복에서 공기동복으로, 다시 진성동복을 넘어 경찰동복으로" 해마다 유행이 바뀌는데[59] 회령 시내에서는 사람들이 나름대로 주변의 눈치를 보면서 전체적인 흐름을 따르려 한다고 말했다.

김인선은 여자들 차림새를 관찰해 보면 옷은 물론이고 장신구에서도 중국에서 새로운 추세가 들어오는 순간부터 회령 시내

---

59) 부장동복・공기동복・진성동복・경찰동복 등 각각의 용어가 정확하게 어떤 모양의 겨울 외투를 말하는지 이들의 설명을 들어도 쉽게 파악이 되지 않았다. 중요한 것은 이런 용어를 사용하면서 면담 대상자 20명은 서로 쉽게 의사소통을 하고 있다는 점이었다. 예를 들어 부장동복이 진성동복과 어떻게 다른지, 어떤 종류가 다른 것보다 더 비싼지, 어느 해에는 어떤 유형이 추세로 등장했는지 쉽게 의사소통을 하는 점이 인상적으로 다가왔다.

전역에 빠르게 퍼져 나가는 현상이 나타난다고 강조했다. 예전에 회령 여자 중에서 귀걸이하고 돌아다니는 사람이 없었는데 "미공급 시기"[60] 동안 중국 사람들이 귀걸이를 하고 다니는 것을 보고 회령 여자들 상당수가 그대로 따라 하는 현상이 나타나기 시작했다고 **김인선**은 말해 주었다.

황정연은 북한사회에서 옷차림을 마무리하는 대표적 장신구는 아무래도 "초상화"라고 강조했다. 외출복을 다 갖춰 입고 난 뒤에는 "김일성・김정일 얼굴이 같이 들어 있는" 당상을 달아야 빛이 난다고 했다. "김일성 얼굴 하나만 들어 있는 초상화는" 너무 작아서 자신은 그것을 별로 좋아하지 않았다고 강조했다. 북한에서 사회생활을 잘 하려면 권위가 있는 "기폭상이나 당상과 같은 초상화를 왼쪽 가슴에 모시고" 다녀야 한다고 주장하는 사람은 **황정연** 이외에도 여러 명 있었다.

그 반면에 언제나 남들이 안 입는 특이한 옷을 찾아서 입고 다녔다고 자부하는 **전성애**에게 "초상화" 다는 것은 전혀 중요한 문제가 아니었다고 했다. 그녀는 주로 "청년동맹원이나 달고 다니는 원상을 대충 달거나" 아예 달지도 않고 길에 나다니는 경우도 많았다. "초상화"를 달지 않고 다니다가 간혹 비사회주의 그루빠 성원에게 단속을 당한 것도 여러 번 있었는데 자신은 크게 신경을 쓰지 않았다고 **전성애**는 말했다.

---

60) 북한당국이 식량배급을 중단했던 기간을 미공급 시기로 표현하는 사람들이 많았다.

(2) 중기[가전제품] · 가구의 유행

리경훈은 한때 회령 사람들 사이에서 집 안에 삼면경대를 갖추어 놓는 추세가 일어났었다고 말했다. 그 추세가 어느 정도 지나고 난 뒤에는 크기가 "메타 20 정도 하는[61] 대판거울이" 유행을 했다고 그는 주장한다. 회령 시장에서 이 거울을 사려면 "외화돈 100달러를 줘야 하니까" 가격이 엄청나게 비싼 물건인데도 유별나게 집안 꾸미는 것을 좋아하는 여자들은 서로 사들여 가려고 했다는 것이다.

시간의 흐름에 따라 방 안에 장판을 까는 것도 추세가 달라진다고 했다. 예전에는 종이장판을 깔았는데 그 다음에는 레자가 나오고 해면레자가 나오더니 요즘에는 카펫을 까는 추세가 일어나고 있다는 것이었다. 그런가 하면 결혼을 앞둔 여자들은 "한 채에 7-8만 원이나 하는 기성이불을" 만들어 가고 싶어서 안달을 한다고 했다. 옛날 이불은 두껍고 무거운데 기성이불은 가볍고 고급스럽다는 이유로 선호한다는 것이었다.

재미있는 사실은 기성이라는 단어가 북한주민들 사이에서 비싸고 좋은 제품의 대명사처럼 통용이 되고 있다는 점이었다. 옷도 기성옷이 좋고 가구도 기성제품이 좋다고 이들은 설명했다. "기성

---

61) 면담을 하는 과정에서 북한이탈주민은 대부분 1.2미터 길이를 나타낼 때 "메타 20"으로 표현했다. 사람의 키를 표현할 때에도 이 방식을 그대로 적용하는 경우가 많았다.

옷을 입고 척 나서면" 굳이 비싼 돈을 주고 샀다고 자신의 입으로 직접 말하지 않아도 보는 사람들이 다 알아차리고 "차림새에 걸맞는 대접을 해 준다는" 것이 이들의 주장이었다. 그야말로 "척 보면 다 아는" 수준으로 "통한다는" 것이 오늘날 북한의 현실이라고 했다.

그런데 문제는 기성제품 중에 상당수는 중국을 통해서 회령 시장에 흘러 들어온 외부 물품이라는 것이다. 자연히 이런 물품을 사들여 놓은 행위 자체가 비사회주의 그루빠의 단속 대상이 될 가능성은 농후하다. 특히 한국산 가전제품을 들여 놓은 것은 집중적인 단속의 대상이 되는 만큼 매우 조심해야 하는 일이다. 그럼에도 불구하고 사람들이 "자기집 무게를 나타내려고 시장에서 삼성 마크를 사서" 텔레비전에 붙이는 경우가 간혹 있다고 했다.

정혜봉은 실제로 자신이 그런 일을 했다고 경험담을 들려 주었다. 1996년인가 삼성 브라운관 24인치 텔레비전을 사들여 놓았을 때 일이었다. 물론 중국에서 들여 온 중고제품이었다. 중국에서 들여 올 때 "세관에서 상표는 다 떼고" 내보냈는데 자신이 "집안의 무게를 높이려고" 장에 나가서 직접 삼성 마크를 사다가 붙였다는 것이었다. "삼성이나 후지, 도시바, 소니...중기는 전부 그런 제품으로 가져다" 집안을 꾸미는 것이야말로 북한주민들 사이에서 "자기 집 무게를 나타내는 데 있어서" 아주 중요한 의미를 지니는 일이라고 그는 강조했다.

사실 전기도 잘 들어오지 않는 상황에서 별로 쓸 일도 많지 않은 냉장고를 굳이 사들여 놓는 것도 다 집을 장식하느라고 그렇게 한다고 그는 말했다. “그런 문화는 귀국자가 많은 원산이나 함흥, 청진에서 돈 있는 사람들이 집을 꾸리는 것을 따라 하다가” 퍼져나간 것이라고 **정혜봉**은 다시 한 번 강조했다.

> 북한 사람들이 뭐라고 할까? 욕심이라고 해야 하나? 다 집 장식을 하는 그런 문화가 있어요. 여자들이 잘 먹지도 못하면서 이번에는 새 텔레비전을 놓자, 녹화기를 놓자…뭐 이렇게 계획을 세워서 집을 꾸려요.

물론 “온갖 중기를 그쯘하게 갖춰 놓는 것이” 단순히 집안을 꾸미는 수단은 아니라는 지적도 나왔다. 북한에서는 사실상 한 집안의 재산이 얼마나 많은지 확인하려면 오로지 어떤 중기를 얼마나 갖추어 놓았는지 관찰해 보는 것 이외에 다른 수단이 없는 상황이다. 이런 점을 감안할 때 “돈주가[62] 누구한데 장사할 돈을 빌려주어도 되는지 여부를 판단하려면 그 집에 색 테레비나 냉동기처럼 값이 나가는 중기를 가지고 있는지” 살펴보고 결정한다는 것이었다. 그러다 보니 장사할 돈을 구하느라 노심초사해야 하는 여자들이 “집안에 중기를 갖추는 일에” 더 결사적이라고 했다.

심지어 농촌에서는 한 해 농사가 끝나고 일년치 결산 분배를 받은 뒤에 강냉이 몇 백 킬로 팔아서 이런 물건을 사들여 집을 꾸린다고 했다. 그런데 사실상 DVD나 녹화기를 집에 들여 놓는

62) 『조선말 대사전(증보판)』 제1권 1126쪽을 보면 돈주란 “돈의 주인이거나 여럿이 하는 장사에서 돈을 틀어쥐고 있는 주된 사람”을 의미하는 명사로 소개해 놓았다.

다는 것은 그 순간부터 자연스럽게 불법 동영상을 몰래 보거나 금지하는 음악을 듣는 일이 생기게 된다는 의미와 일맥상통한다. 그리고 이 말은 곧 "보안원이나 비사 그루빠 성원에게" 단속을 당할 가능성이 그만큼 높아진다는 뜻이기도 하다.

(3) 불법 동영상·음악의 유행

장영일은 2000년대 초반만 해도 집에 DVD나 녹화기를 놓은 것이 유행이었는데 2004년-2005년 무렵에는 빛전화를 설치하는 추세가 나타났다는 점을 지적해 주었다.[63] 그러더니 2007년 이후에는 사람들이 "서로 컴퓨터를 놓자고" 하는 추세가 일어났다는 것이었다. "이제 상류층은 다 놓았고 중산층에서도 조금 괜찮다 싶으면 컴퓨터 놓자고" 한다고 그는 주장했다. 게다가 사람들이 점차 "하드웨어가 몇 기가짜리인지" 따지기 시작했고 컴퓨터로 영화나 드라마를 보거나 음악을 듣고 게임을 하는 경우가 늘어나기 시작했다는 것이다. 이 사람의 말을 조금 더 들어보기로 하자.

> 요즘 1 기가짜리 유에스비(USB) 가격이 북한 돈 2만 원 정도 하는데 그거 하나면 영화 하나 잡아 넣을 수 있어요. 체계를 쪼려서 잡으면 영화 2-3개도 넣을 수 있습니다.

---

63) 빛전화는 광케이블로 연결되어 전화교환원이 없어도 직접 상대방과 통화할 수 있는 일반유선전화를 의미한다. 그 이전에는 전화교환원이 양쪽의 전화를 서로 연결해 주는 일을 했다.

이 말은 곧 외부에서 들어 온 불법 동영상이 많이 돌아다닌다는 뜻이나 마찬가지라고 **장영일**은 강조했다. 이렇게 불법 동영상을 보는 사람이 많아지면 자신과 같이 전기 및 전자제품을 수리하는 약전 일을 하는 경우에는 수입이 늘어 좋기는 하지만 아무래도 "안전원이나 비사회주의 그루빠 성원에게 단속을 당할" 가능성이 늘어난다고 했다.

문제는 단속의 강도를 높인다고 해도 별로 성과가 있는 것 같지 않다는 점이라 하겠다. **장영일**도 "회령만 그런 것이 아니고 요즘 젊은 아이들은 점점 추세를 따라가는 속도가 빨라진다고" 말했다. 음악만 하더라도 최근에는 자신의 조카를 비롯한 북한 젊은이 대다수가 트로트나 조용한 노래를 듣는 정도에 만족하지 않고 "막 말 빨리 하는" 랩을 찾는 경우도 늘어나는 것이 요즘의 현실이라고 **장영일**은 지적했다.

제4장

회령 사람들 일상생활 이야기

1. 회령을 찾는 외부 손님들
2. 식량배급제도와 생필품 조달 방법
3. 주택과 전기사정
4. 병원과 질병 치료
5. 인민반 생활과 인민반장
6. 남녀관계 · 결혼과 이혼
7. 식당 · 목욕탕 · 숙박업소
8. 회령시 당 책임비서 변천사

제4장. 회령 사람들 일상생활 이야기

이제 회령 사람들이 1990년 이후 20년이 넘는 시간이 흐르는 동안 어떻게 삶을 영위해 왔는지 그 이야기를 들어보고자 한다. "사는 게 고단하고 힘들었던" 그 세월 동안 북한 주민은 1990년대 중반에 이른바 "미공급 시기"로 부르던 고난의 행군기를 겪어내야 했고 2002년에는 7・1경제관리개선조치를 계기로 물가와 임금이 하루아침에 몇 백배에서 몇 십배 수준으로 뛰어 오르는 일도 경험했으며 2009년에는 전격적인 화폐개혁 때문에 가구당 10만 원이 넘는 재산은[64] 전부 다 "물로 만들어 버리는" 상황을 견디고 참았다.

1990년대 중반에 고난의 행군기를 겪는 동안 북한 사회에서 "고정한[65] 사람, 깨끗한 사람은 다 죽어서 이제 씨가 말랐다" 하

---

64) 북한당국은 2009년 11월 30일에 화폐개혁을 단행하면서 그 다음 날인 12월 1일 이후 딱 일주일 동안 각 가구당 구화폐 10만원을 신화폐 1,000원으로 교환해야 한다는 방침을 정해서 시행했다. 한 가구에서 재산이 10만원보다 많은 경우에는 10만원에 해당하는 금액은 신화폐 1,000원으로 바꾸어 주지만 나머지 재산은 그 규모와 관계없이 신화폐로 교환하는 것을 허용하지 않았다. 그런데 2009년 무렵에는 사람들이 너도나도 장사를 하면서 한 집에 수십 만 원에서 수백 만 원까지 돈을 가지고 있었기 때문에 화폐개혁 조치를 발표한 이후에 온통 혼란에 빠져 들었다. 그 이후로 "국돈"이라고 부르는 북한 원화의 가치가 형편없이 떨어졌고 시장에서 일상적인 생필품을 살 때에도 중국 돈 위안화로 거래하려는 경향이 더욱 심화되어 나타났다.

는 것이 면담 대상자 대다수의 의견이었다. "당에서 하라는 것은 하나도 빠짐없이 그대로 하면서" 충성을 다 바치던 사람은 고난의 행군기 기간에 "그야말로 앉은 자리에서 고스란히 굶어 죽었다." 20명 중에 누군가 나중에는 "당의 명령을 따르던 사람은 다 죽고 여우와 승냥이만" 살아남았다고 했다. 한 걸음 더 나아가 "이제 여우도 승냥이가 다 잡아먹어서" 남아 있는 것은 오로지 "승냥이 뿐이라고" 하면서 상황이 얼마나 심각한 수준인지 강조하는 사람도 있었다.

고난의 행군기는 오늘날 북한 사람들 의식을 "밑바닥부터 완전히 바꾸는" 계기가 되었다고 이들은 말했다. 1996년 이후에 "정말 배급이 딱 끊어졌을 때 앞이 암담했지만" 돌이켜 보면 오히려 그게 약이 되었다고 말하는 사람도 있었다. 이런 말을 하는 사람들 주장은 만약에 고난의 행군기가 없었다면 "북한 사람들은 지금도 여전히 김일성·김정일 노래만 부르고 있었을지도" 모른다는 것이었다. "그런 거 생각하면 죽은 사람한테 좀 미안하기는 하지만 그 일이 오히려 잘 일어났다고 봐야" 한다는 것이 이들이 주장하는 내용이다.

이렇게 고난의 행군기를 지나 "조금 숨 쉴 여유가 생겼을 때" 북한당국은 2002년 7·1경제관리개선조치를 발표했다. 식량배급

65) 이 말이 명사 고정에서 유래했는지 확실하지 않다. 『조선말 대사전(증보판)』 제1권 328쪽에서 명사 고정은 "한 번 정한대로 변경하지 않는 것, 어떤 물체가 움직이지 않고 붙어있게 하는 것"이라고 풀이해 놓았다. 그런데 면담 대상자 대다수가 "당에서 시키면 시키는 대로 하는 사람"이라는 의미로 이 말을 사용하고 있었다.

을 받을 때 1 킬로그램에 북한 돈 8전이었던 쌀값을 무려 550배 인상하여 44원에 공급하는 조치를 단행하였다. 1 킬로그램에 6전씩 공급하던 옥수수의 국정공급 가격도 몇 백배 올렸다. 기본적인 생필품 가격을 이 정도로 급격하게 올리는 조치를 취한 이유는 당시 국정공급 가격을 장마당 시세에 맞추려 했기 때문이었다.

물론 "제대로 받아 본 일은 한 번도 없는" 생활비도 많이 올랐다. 생활비란 북한사회에서 매달 근로자에게 지급하는 월급을 대신하여 사용하는 말이다. 7·1경제관리개선조치 이전에 북한 돈으로 대략 40원-150원 정도를 매달 생활비로 지급받는 사람이 많았는데 그 이후에는 1,800원-4,000원 수준으로 올랐다. 그러나 물가 인상 폭에 비한다면 임금 인상 폭은 형편없이 낮은 편이다. 그나마 7·1경제관리개선조치 이후 몇 달 지나면서 다시 장마당 물가가 오르기 시작했고 일 년 정도 시간이 흐른 뒤에는 이미 걷잡을 수 없는 정도가 되었다고 했다.

2009년 11월 30일의 화폐개혁 소식도 "예전에 한 번도 경험한 일이 없을 정도로" 엄청난 충격을 몰고 왔다. 그 날 오전 11시에 유선방송을 통해[66] 화폐개혁 조치를 한다는 소식을 들었을 때 면담 대상자 20명 대다수는 "도대체 무슨 말인가" 하는 심정이었

66) 북한당국은 1960년대 당시 모든 주민세대를 대상으로 유선방송을 설치하는 작업을 했다. 그 당시 라디오 보급률이 낮은 상황이라 중앙에서 어떤 내용을 전달하고자 할 때 주민세대에 빠르게 전달할 방법으로 유선방송 망을 설치했던 것이다. 이 때부터 각 세대별로 집안에 스피커로 연결되는 유선방송 망을 설치해 두었다. 유선방송은 일명 제3방송이라고도 하는데 북한당국이 외부에 알리지 않고 주민들을 대상으로 어떤 소식을 전하고자 할 때 이 방송망을 활용한다고 했다.

다고 했다. 북한당국에서 무슨 일을 하겠다는 것인지 그 의미를 제대로 알아들을 수 없는 상황이었다고 이들은 말했다. 절대 다수의 사람들이 그 방송을 들을 때 화폐개혁을 한다는 사실을 전혀 눈치도 채지 못하고 있다가 갑자기 혼란에 빠져들게 되었다고 자신의 경험담을 들려주었다.

심지어 화폐개혁 방송이 나오는 그 순간에 때마침 다른 일을 보느라 유선방송을 듣지 못하고 있다가 시내 분위기가 너무나 술렁거려 뛰어 나가 보니까 화폐개혁 한다고 온통 난리였다고 경험담을 전해주는 사람도 있었다. 그런데 한편으로는 그 와중에 친척이 은행원이었거나 어디 줄이 닿는 곳을 통해서 화폐개혁 소식을 미리 알고 마치 오래 전에 저금을 해 두었던 것처럼 서류를 꾸며서 돈을 조금이나마 건졌다고 말하는 사람도 없지는 않았다.

당시 북한 전역에 걸쳐 화폐개혁으로 그동안 피땀 흘려 모은 돈을 전부 다 "물로 만들어 버리고" 절망에 빠졌던 사람이 참 많았다. 자살을 하는 사람도 많았다. 특히 자신의 한 끼 식사가 가족의 부담이 되는 것을 염려한 노년층 자살이 심각한 문제로 떠오르는 상황이었다. 미처 교환을 하지 못한 화폐뭉치를 보고 치밀어 오르는 분노에 휩싸여 돈을 불태우는 사람도 드물지 않게 볼 수 있었다.

사람들 이야기에 따르면 "정권기관에서는 다급한 나머지 돈을 막 불태우는 풍조를 막으려고 엄벌에 처한다는 포고문을 내오고 단속반도 돌아다니면서" 성난 민심을 가라앉히려고 애를 썼다고 했다. 그렇지만 이런 노력은 별다른 소용이 없었던 것 같다. 오히려 화폐개혁을 계기로 "이 나라는 정말 백성이 잘 사는 꼴을 두고 보지 못한다고" 불평하는 사람이 확 늘어났었다고 이들은 말해 주었다.

화폐개혁을 겪고 나서 "그 때까지는 어차피 태어난 땅이니까 그럭저럭 살다 가려고 했는데 내 아이를 그런 나라에서 키우고 싶지 않아서" 탈북을 결심하게 되었다는 사람도 20명의 면담 대상자 중에 포함되어 있었다. 면담 대상자 중에는 "가만히 생각해 보면 그 놈의 나라가 백성이 그렇게 어려운 속에서 이리 뛰고 저리 뛰고 해서 뭐 좀 먹을 것을 만들어 두기라도 하면 한 10년에 한 번씩 내리쳐서" 다 빼앗아 가는 것 같다고[67] 그 시간을 돌아보며 한탄하는 사람도 많았다.

1990년 이후 이렇게 힘든 시기를 견디면서 살아 온 20명의 면담 대상자는 제각기 자신의 경험담을 쏟아 놓았다. 그 이야기를 듣다 보면 자연스럽게 어제의 회령과 오늘의 회령을 달라진 모습을 비교해 보게 된다. 이제 20명의 회령 사람들이 지난 20여 년 동안 온 몸으로 겪어 왔던 경험을 그들의 이야기를 통해 들어보기로 하겠다.

---

67) 이런 말을 한 사람은 2002년 7·1경제관리개선조치 당시에도 사회 전반적으로 상당한 혼란을 겪었다고 주장했다. 그 이후에 시간이 지나면서 차츰 혼란스러운 부분을 정리하면서 어느 정도 살아갈만한 환경이 만들어졌는데 2009년에 화폐개혁을 단행하면서 또 한 번 북한사회 전체가 어려움에 빠졌다는 것이었다.

1. 회령을 찾는 외부 손님들

황정연은 지난 20여 년 사이에 중국 사람이 장사할 목적으로 회령에 많이 들어왔었다고 했다. 그렇지만 관광을 목적으로 회령 시내에 들어오는 중국인도 상당히 많았다는 것이었다. 이들은 주로 버스를 대절해서 단체관광으로 회령에 들어왔다. 중국인 이외에 회령을 찾는 외국인 손님은 대부분 "유엔 표찰을 달고 오는데 솔직히 어느 나라 사람인지 잘 모르겠다고" 그녀는 말했다. 외국인 손님은 주로 "흑인이 많지만 가끔씩 백인이 오는" 경우도 있었다고 했다.

유엔에서 오는 손님들은 주로 의료기관이나 어린이 관련 시설을 방문하는 경우가 많았다고 **황정연**은 말했다. 한 마디로 유엔에서 온 손님들은 "주로 자기네가 보내 준 설비를 점검하고 지원물품을 잘 사용하고 있는지" 확인하려고 회령산원이나 회령시 인민병원을 포함하여 유치원과 같은 어린이 관련 시설을 자주 방문했다는 것이다.

실제로 유엔에서 사찰단이 오면 시내 중심에 위치한 오산덕 유치원을 정해 놓고 그 곳으로 손님들을 데려가서 아이들 모습을 보여주었다고 **라은향**은 말한다. 그런 이유로 회령 시내 사람들은 오산덕 유치원을 유엔 사찰단 유치원이라는 별칭으로 부르기도 한다고 했다.

[사진 4-1] 대한민국 지원물품 : 황해도 송림항에 쌓아 둔 쌀

출처: 2004년 11월 송림항에서 직접 촬영

[사진 4-2] 대한민국 지원물품 : 함경북도 청진항에 쌓아 둔 쌀
출처: 2005년 1월 청진항에서 직접 촬영

뭐 유엔 사람들이 그냥 부지기수로 왔어요. 그러니까 유엔 사찰단 사람들이 국제아동기금에서 물자를 보내거나 북한에서 수해가 났다 하면 물자를 보내주잖아요. 그러면 북한이 워낙에 간부들이 떼먹기로 소문나 다 알고 있거든요. 또 김정일 자체가 아이들한테 보낸 걸 제대로 다 안주고 사회주의건설에, 핵무기 만드는데 다 돌린다는 것을 알고 있기 때문에 진짜 이걸 받았는지 안 받았는지 검증을 옵니다. 그러면 그때 그 검증을 저희가 받죠. 평균 1년에 네 번은 왔습니다.

유엔에서 사찰단이 오면 회령시 양정부와 교육부에서 오산덕 유치원에 통보를 한다고 했다. 통보를 받으면 유치원 사람들 전체가 나서서 3일 동안 그 유엔 사찰 검열을 받기 위한 준비를 한다는 것이었다.

교양원들은 청소하고 닦고 쓸고 문대고 그런 걸 하고요. 그리고 원장과 회계 보는 경리원은 문건을 맞추죠. 양정부에서 문건이 내려옵니다. 쌀을 얼마 받았다고 알려 주고 그 기준에 맞추라고 합니다. 물건을 싣고 온 배 이름이나 곡물 종류까지 다 외웁니다. 옥수수가 몇 톤, 쌀 몇 톤, 기름 몇 톤 등 그런 것까지 다 외워야 됩니다. 경리가 다 외우고 장부를 2가지로 만들어 둡니다. 실질적인 장부와 검열을 받기 위한 장부...그러니까 유엔 사찰용 장부를 만드는 것이지요.

이렇게 유엔 사찰용 장부를 만들어 놓고 3일 동안 열심히 연습을 한다고 했다. 누구에게 질문을 해도 똑같은 대답을 하도록 "옥수수 한 톤을 받아서 한 끼에 몇 명을 대상으로 국수를 몇 번

해 주었고 어느 날에는 가공을 해서 간식을 만들어 주고 옥수수 밥을 해 준 날은 언제였는지" 다 외워 둔다는 것이다. 유엔 사찰단을 맞이하려고 준비하는 과정에는 아이들도 한 몫을 감당해야 한다.

> 북한에선 애들이 외국인을 볼 수가 없어요. 어른도 외국인을 보면 되게 희귀하게 생각하거든요. 애들은 겁이 많지만 또 호기심도 많으니까 좀 똘똘한 아이들을 골라서 시킵니다. "많이 보내달라고, 맛있게 먹었다고" 그렇게 말하도록 연습을 시키거든요. 애들은 대개 외국인을 처음 보기 때문에 얼굴이 새까맣고 머리 빠글빠글한 사람 보면 무서워하거든요. 보통 얼굴이 새까만 사람들이 많이 왔어요. 올 때마다 좀 달랐었는데 대개 키는 엄청 컸었고 얼굴 하얀 백인도 온 일이 있었어요. 외국인을 보면 어른들도 선뜻 다가가기가 좀 그런데 애들은 더 하죠. 그러니까 평소에 말 잘하고 누가 뭐 물어봐도 울지 않거나 그런 애들을 시키죠.

3일 동안 준비를 마치고 나면 유엔 사찰단이 도착하기 1시간 전에 양정부에서 자동차로 지원물품을 보내 준다고 했다. 그 전 날 미리 보내지 않는 이유는 유치원 쪽에서 "빼돌릴 시간을 없애려고" 그렇게 한다는 것이다.

유엔 사찰단이 도착하기 "딱 한 시간 전에" 회령시 양정부에서 일하는 사람들을 데리고 온다. 이 사람들이 곡물포대를 직접 들어다가 유치원 2층 식량창고에 차곡차곡 채워둔다. 짐을 다 옮겨 놓고 그 사람들이 떠나면 30분쯤 지나서 유엔 손님들이 도착한다.

손님들이 도착하면 바로 원장실에서 앉아서 담화를 하죠. 이렇게 해서 우리가 이렇게 보내준 거 받았냐? 받았다. 먹어보니까 어떤가? 좋다. 좋더라. 기름을 어떻게 먹고 있냐. 야자기름. 딱딱 굳어지는 그런 기름이랑 보내줬거든요. 뭐 이렇게 해서 먹는다. 곡식은 어떻게 해결하냐? 이런 내용으로 담화를 나누고 그 다음에 애들을 봅시다 그러거든요. 그러면 2층 대유희실로 가죠. 거기다 애들 다 그냥 앉혀놓고 밥을 먹입니다. 그 사람들은 올 때마다 꼭 애들을 보고 갑니다. 안 보고 가는 사람들이 없어요.

이런 날에는 보통 유엔 사찰단 사람들이 원장실에서 나온 뒤 대유희실에 들어오는 시간에 맞추어 아이들 밥을 먹인다고 했다. 유치원 교양원 몇 사람이 계속 지켜보고 있다가 "문을 쫙 열고 나오는 소리가 들리면 애들한테 식사하세요 하고 말한다는" 것이었다.

옥수수나 밀가루 보내준 것으로 국수도 만들고 수제비도 만들어 먹입니다. 애들은 딱 숟가락 들고 있다가 교사들이 식사하세요 이러면 그 때부터 먹기 시작하거든요. 그 사람들이 2층에 올라오면 애들이 한참 먹는 모습을 보게 되지요. 그 사람들은 와서 아이들이 먹는 것을 보면 보통 다 많이 울었어요. 불쌍하다고...그러다가 아이들 먹는 것을 보다가 맛있냐고 물어보면 똘똘한 애가 선생님을 쳐다봐요. 아이한테 눈짓으로 말하라고 이러면 "맛있어요, 많이 보내주세요" 하거든요.

아이들 밥 먹는 것을 보고 나면 유엔에서 온 손님들은 떠난다. 그리고 이 손님들이 떠나고 나면 바로 양정부에서 차를 가지고 와서 몇 시간 전에 유치원 식량창고에 들여 놓았던 식량을 다 실어 내간다고 했다. 손님들이 떠나고 난 뒤 30-40분 정도 지나면 양정부에서 어김없이 "들이닥친다." 어쩌다 늦게 온다고 하더라도 3시간을 넘기는 일은 매우 드물다. 양정부 사람들이 그 날 하루를 넘기고 다음 날 식량을 가져가는 경우는 한 번도 없었다.

그렇게 고생을 해야 한다면 유엔에서 손님이 와도 반갑지 않았겠다고 말했더니 "꼭 그렇지는 않다" 하는 대답이 돌아왔다. 일단 아이들은 한 끼라도 먹었으니 좋고 유치원 교양원의 경우에도 "유엔 손님들이 가고 난 다음에 가끔 뜻밖의 횡재를 할" 가능성이 있다는 것이었다.

> 양정부에서 차 가지고 와서 다 실어갈 때 가끔 그 곡식을 담았던 지대가 터지는 경우도 있잖아요? 우리가 검열을 잘 받아서 양정부 사람들이 크게 만족할 정도가 되면 그 터뜨린 지대를 떨궈주기도 해요. 교사들 나머지 식량 나눠먹어라 그러는 것이죠. 그렇게 되면 저희는 밀가루면 밀가루, 옥수수면 옥수수 2킬로나 3킬로씩 나눠서 집에 가지고 가요. 그런데 이상하게 무슨 일 때문인지 모르겠는데 터뜨린 지대까지 싹 다 가져가는 그런 경우도 있어요. 그렇게 가면 또 저희는 그냥 끝이죠. 그저 일상대로 돌아갑니다.

결국 유엔에서 오는 손님들은 아무리 검열을 하고 돌아다녀도 "말 그대로 그냥 손님일 뿐이고" 회령 사람들이 매일매일 살아가는 일상적 생활과 별다른 상관이 없었다는 이야기가 된다. **황정**

연도 그 사람들은 "동떨어진 세상에서 잠시 왔다가 가는 것 같았다고" 평가했다.[68)]

그 반면에 중국에서 오는 손님은 장사나 무역으로 회령 사람들 생활을 "뿌리부터 흔들어 놓는" 역할을 했다고 이들은 말했다. 중국 사람들이 회령을 찾기 시작한 것은 1980년대 중반 이후 사사여행자 방문을 허용했을 때 일이었다. 사사여행자의 어원을 정확하게 설명해 주는 사람은 없었지만 면담 대상자 20명이 들려주는 이야기를 종합해 보면 대체로 개인적으로 친척을 방문하러 중국에서 나오는 조선족을 의미하는 것으로 정리할 수 있다.

중국에서 사사여행자가 들어오던 초창기에는 이들이 친척집에 머물면 배급소에서는 손님으로 온 외국인 식사를 보장한다고 백미를 특별공급해 주면서 "국가의 위신을 세우려" 했었다고 **정혜봉**은 말한다. 그러니까 결국 중국에서 나오는 친척이 쌀을 가져오고 배급소에서도 그 사람 몫으로 또 쌀이 나와서 당시에는 회령에 사는 것이 청진보다 오히려 형편이 더 낫다고 말하는 사람이 있을 정도였다고 말했다.

---

68) **황정연**의 이야기를 소개할 것인가 하는 문제를 놓고 책을 발간하는 시점까지 고민을 거듭했다. 출판 직전의 원고를 검토하면서 누군가 지적한 것처럼 혹시나 이런 이야기를 빌미로 대북 인도적 지원을 중단해야 한다고 주장하는 의견이 힘을 얻게 될 가능성이 없을까 우려하는 마음이 컸다. 또 한 가지, **황정연**의 경험담이 오늘날 북한주민의 이야기를 얼마나 대표할 수 있을까 하는 문제도 아직 해결하지 못했기 때문이었다. 그럼에도 불구하고 결국 이 이야기를 소개할 것을 결정했다. 우려와 염려 때문에 이런 이야기를 공개하는 시점을 훗날로 미루었던 시간을 그대로 지속할 수 없다고 판단했기 때문이었다. 독자 여러분이 현명한 헤아림 속에 이 이야기를 잘 활용해 주실 것을 기대한다.

회령 시장에 가면 한동안 중국에서 나온 사람들이 "팔에 카프라 수건을 여러 장 걸치고" 팔기도 하고 목에다가 "재봉기 팝니다" 하고 써놓은 판을 걸고 물건을 사들여 갈 손님을 기다리기도 했었다. 그런데 중국에서 나오던 사사여행자 행렬이 1990년대 초 이후로 줄어들었다. 중국 조선족이 장사하러 북한에 나와도 별로 이윤이 남지 않으니까 한국으로 일하러 떠나기 시작했던 결과라고 **정혜봉**은 강조했다.

최옥란은 회령이 "두만강을 끼고 중국 딱 옆에 있어서 좋은 물건은 넘어가고 나쁜 물건이 넘어 온다고" 말했다. 좋은 물건과 나쁜 물건이 무엇인지 물어보니까 **최옥란**은 "우리 먹을 것, 맛있는 것이" 넘어가고 "씨디알이나 사회적으로 사람들 물들이는 나쁜 것이" 들어온다고 주장했다. 중국에서 들어 온 "나쁜 물건" 덕분에 그래도 회령 사람들 "머리가 빨리 깨는" 것이라고 말했다.

전성애는 자신이 어린 시절을 보냈던 은덕에서는 외국인을 전혀 볼 수 없었는데 회령에 오니까 중국 사람들 덕분에 "머리가 빨리 돌아가게" 되었다고 스스로 평가했다. **김인선**은 중국 사람들이 다양한 상품을 가지고 들어오다 보니까 회령에서는 "앞쪽과 달리 레몬이나 음료수, 화장품, 특이한 모양의 옷" 같은 물건이 돌아다니게 되는 것이라고 했다. 이런 물건은 자연히 여자들 생활을 바꿔 놓게 된다고 **김인선**은 말해 주었다.

중국에서 무역하러 나오는 사람들은 주로 회령호텔을 숙소로 정하는 경우가 많다고 했다. 그 이외에도 관광을 목적으로 중국 사람들이 단체로 회령에 들어오기도 했다고 **최일화**는 설명했다. 2007년 무렵을 기준으로 회령호텔 내 식당에는 하루에 200명-300명이 예약을 하고 식사를 하는 경우가 많았다고 했다. 이렇게 관광을 목적으로 들어오는 단체 손님은 보통 회령호텔에서 점심을 먹고 칠보산 관광을 떠나는 여정을 즐겼다. 그리고 이 손님들이 중국으로 다시 돌아가는 길에 회령호텔에서 한 끼 식사를 하는 경우가 많다는 것이었다.

그러다 보니 아무리 장사꾼이 돈을 많이 쓰지 않는다고 해도 "이리저리 해서 회령에는 돈이 좀 떨어지게 되어 있다" 하는 것이 여러 사람의 의견이었다. 그런 돈이 비법적으로 회령 시내에 돌아다니다가 사람들 수중에 들어가게 된다는 것이 **홍봉덕이** 주장하는 내용이었다.

2. 식량배급제도와 생필품 조달 방법

면담 대상자 20명은 식량배급 현황에 대해서 제각각 다른 기억을 지니고 있었다. 어떤 사람은 이미 1980년대 후반부터 "배급을 준다, 안준다 하는 말이 계속 나왔었다" 하고 말하는 반면 그래도 1995년 들어설 때까지는 "1-2개월 밀려서 주더라도 정해진 분량을 비슷하게 채워서 주기는 했었다고" 주장하는 면담 대상자도 있었다. 이들이 들려주는 이야기 중에서 20명이 모두 동의하는 측면은 대략 다음과 같은 유형으로 분류할 수 있다.

첫째, 평범한 주민에게 배급은 대부분 식량을 의미하는 것일 뿐이고 그 이외에 다른 생필품은 일찍부터 다른 방법으로 조달해서 사용했다고 말하는 사람이 많았다. 유일한 예외 상황이 아마도 한때 학생들을 대상으로 "교복을 무상 지급했던" 일이 아닌가 싶다. 교복을 무상 지급하던 시절도 그리 오래 지나지 않아서 끝이 났고 그 이후에는 "눅은 가격으로" 저렴하게 공급해 주었다. 교복 이외에는 겉옷이나 속옷, 신발, 장갑은 물론이고 빨래비누나 세수비누, 여자들 머리에 쓰는 수건 등 식량을 제외한 물건은 모두 국영상점이나 장마당에 가서 사야 하는 상황이었다고 이들은 말했다.

둘째, 배급이 조금씩 밀리면서 줬다 안줬다 하기 시작했던 시점은 사람마다 다르게 기억하지만 1996년에 들어서 "정말 식량 공급이 딱 끊어졌다" 하고 인정한다는 점에서는 대체로 비슷한 의견을 보였다. 1996년 이후에는 북한 전역 어느 곳을 가더라도 "고위간부나 군인, 보위원, 보안원(안전원)" 특수한 계층의 사람에게 식량을 공급했을 뿐이라고 했다. "평백성 · 평민" 계층의 사람들은 벌써 그 이전부터 "알아서 먹고 살았지만" 그 이후에는 "나라가 뭘 해 줄 것이라는 기대를 완전히 버렸다는" 것이었다.

셋째, 배급제도가 굴러가던 시절에도 그 내용을 들여다보면 철저하게 사회적 지위와 직업의 유형에 따라 달라지는 상황이었다고 이들은 지적한다. 회령 시내 중심가에 위치한 65호 공급상점은 특별한 사람이나 가는 곳이라서 평범한 주민은 아예 들어 갈 생각도 하지 않았다고 지적해 주었다. 어떤 사람은 아예 그 존재를 모르는 경우도 있었다. 한 마디로 말해서 65호 상점은 전체 회령 시민 중에서 50명 내외의 사람을 대상으로 다양한 품목을 지급하기 위해 존재하는 곳이었다. 고난의 행군기가 끝나고 "백성들 원망이 끓어 넘쳐서" 2000년쯤 회령 시내에 있던 65호 상점은 문을 닫았다고 했다.

한편 배급이 제대로 이루어지던 시절에도 농민들은 훨씬 고생이 많았다고 했다. "보름에 한 번씩 배급을 타는 시내 사람은 그럭저럭 살았는데 일 년에 한 번씩 분배를 받는 농민은 훨씬 어렵게 살았다." 어찌 된 일인지 분배를 받는 농민들은 4월에 들어서면 벌써 식량이 다 떨어졌다고 하면서 시내에 배급 타는 집을 찾아가 강냉이 100 킬로그램 빌려간 뒤 가을에 입쌀 100 킬로그램으로 갚겠다고 하는 일이 많았다고 말해 주었다. 농민들이 훨씬 어렵게 살았던 이유는 협동농장마다 분배를 하기 전에 "먼저 군량미를 싹 갹출해 가는 일이 많았기 때문이라고" 설명하는 사람도 있었다.

이런 와중에 "검찰이나 보위부, 안전부와 같은 법 기관 사람들은" 사무실에 내부 배급소를 설치해 놓고 그 안에 근무하는 사람들을 대상으로 조용히 식량을 공급해 주었다고 했다. 교사나 의사도 그 정도는 아니지만 식량 배급 과정에서 "평백성보다는" 확실하게 우대해 주기는 했었다는 것이 이들의 의견이었다. 그렇지만 이렇게 우대를 받는 사람들도 여전히 먹고사는 형편은 어려운 실정이었다고 누군가 말했다. 식량배급에 얽힌 이들의 경험담을 조금 더 들어보기로 하겠다.

정혜봉은 자신이 군사복무를 하러 떠나기 전에는 회령에서 배급을 제대로 주곤 했었는데 그 시절에도 “이팝은[69] 먹지 못하는” 형편이었다고 말했다. 그 당시에는 배급을 받을 때 대부분 쌀과 잡곡의 비율을 30:70으로 맞춰 주는 경우가 많았다고 했다. 말하자면 쌀 30%, 강냉이 70%로 맞춰 주었다는 것이다. 쌀과 강냉이의 비율을 30:70이라고 말해 준 사람은 **정혜봉** 이외에도 여러 명 있었다.

어쨌든 **정혜봉**은 식량 이외에 다른 것을 배급받았던 기억은 없다고 말했다. 그래도 “시절이 좋던 예전에는” 상점에 가서 사탕이나 과자를 조금씩 살 수 있도록 인민반장이 집집마다 “요만한 표 딱지를” 주곤 했었다. 그런 “표 딱지로” 계란도 세대별로 한 달에 20알-30알 정도 살 수 있었다. 그 시절에는 계란을 사 가지고 집에서 계란국을 해 먹었던 기억이 난다고 했다. 그런데 군사복무를 마치고 다시 회령에 돌아오니까 “배급이라고 남아 있는 게 없고 싹 다 없어졌다고” **정혜봉**은 기억했다. 이런 상황에서도 간부들은 “다른 수입도 좀 있고 사업계통에서 물건을 국정가격으로 싸게 많이 사다가 쌓아놓고 그 중에 일부는 돈을 붙여서 다른 사람에게 팔기도 하면서” 잘 산다고 불만을 털어 놓았다.

최일화는 2007년 기준으로 회령에서 4-5인 가족이 한 달 동안 먹고살 수 있으려면 대략 100달러 정도 든다고 했다. 다른 생필

---

69) 이팝은 쌀밥을 의미한다. 북한주민에게 있어서 “이팝에 고깃국을 먹고 기와집에서 비단옷을 입고” 산다는 것은 그야말로 꿈을 이루는 생활이라고 하겠다.

품 구입하는 비용은 완전히 배제하고 "그냥 밥에 김치만 먹는 정도" 생활을 유지하려면 100달러는 있어야 한다는 것이 그녀의 주장이었다.

> 한 달 동안 그냥 밥만 먹는 거요. 밥에다 김치만 먹는 거...... 다른 생필품은 다 제외하고요. 그러니까 그게 쌀값이 오를 때도 있고 내릴 때가 있어요. 왜냐하면 교두에서 쌀이 들어온다는 소문이 돌았는데 중국에서 못 들어오는 경우, 이러면 쌀값이 갑자기 올라요. 그러니까 평균적인 가격을 정할 수가 없습니다. 내가 쌀을 팔잖아요? 쌀이 들어온다던 게 안 들어왔어요. 그러면 내가 오늘 1,000원에 팔던 쌀을 난 2,000원에 팔 수 있는 권리가 있어요. 2,000원이다? 그러면 어지간한 사람은 못 사잖아요? 그런데 돈 있는 사람은 사 먹어요. 그렇게 가격이 안정되어 있지 않으니까 쌀이 들어오면 또 다시 그 가격대로 되돌아가고 그렇습니다.

전성애는 학생 시절에 "학교 빠지고 엄마 따라 양정 공급하는 배급소에 따라가기도" 했었다. 그런데 탈북했다가 북송을 당한 이후에 다시 가 보았더니 배급소 풍경이 하나도 변하지 않고 "색칠도 그대로, 기계도 그대로" 있어서 놀랄 정도였다고 말했다. 집에서 배급소까지 걸어가면 10분 정도 걸리는 거리에 있어서 다시 가보았더니 배급소 풍경은 똑같은데 일하는 사람만 바뀐 상태였던 것으로 그녀는 기억했다. 사람만 바뀐 이유가 무엇인지 물어보자 나름대로 부정부패 현상을 막는 방법이 아니었겠느냐 하고 **전성애**는 대답했다.

하도 배급이 주다가 끊어지고 그러다가 갑자기 주고 그러니까 배급소 사람하고 사업해서 남보다 먼저 받아 가는 풍조가 일어났어요. 그런 거 막느라고 배급소에서 일하는 사람을 자주 바꾸고 그랬던 것 같아요.

전성애는 한동안 배급소에서 "강냉이 한 키로를 받아 가거나 입쌀 300 그램을 받아 가라고 했던 일도 있다고" 전해 주었다. 입쌀 300 그램만 받으라고 하면 사람들이 불평하지 않겠느냐고 질문하자 **전성애**는 "그나마 받아두지 않으면 언제 또 받을 수 있을지 모르니까 뭐라도 주면 무조건 받아야 하는 것이" 북한의 실정이라고 말했다.

북한주민이라면 누구나 자신에게 어떤 물건을 배정했다고 하면 딱히 필요하지 않아도 무조건 받아 둘 것이라고 **전성애**는 지적했다. 심지어 무상으로 공급하던 학생 교복이 자기 집 아이한테 크거나 작은 옷이 배정되었다고 하더라도 일단 받아두는 것이 좋다는 사실을 누구나 다 안다고 했다. "크거나 작은 옷은 이웃집 학생하고 바꿔 입히기도 하고 아예 다른 물건하고 교환해서 뭔가 이득을 얻을 가능성이 있지만 한 번 배정을 해 준 옷을 받지 않겠다고 하면 언제 다시 받게 될 것인지" 기약을 할 수 없는 일이니 "뭐든지 준다고 하면 그게 무엇이든지 일단 받아서 챙겨두어야 한다고" **전성애**는 말했다.

[사진 4-3] 청진시 송향식량공급소 출입문

출처: 2005년 1월 청진시에서 직접 촬영

[사진 4-4] 청진시 송향식량공급소 내부
출처: 2005년 1월 청진시에서 직접 촬영

리경훈은 최근에 들어 북한 전역에서 "기름이 워낙 부족하니까 양정사업소에서도 운송수단을 제대로 동원하지도 못하는" 경우가 많은 실정이라고 현실적인 어려움을 지적했다. 그러다 보니 각 단위별로 "어느 협동농장에 가서 이삭 강냉이를 가져가라" 하는 지시를 받고 직접 차량을 동원하여 곡식을 가져가는 일이 비일비재하다고 말했다. 특히 "군대가 총을 들고 아예 탈곡장에 지키고 서 있다가 바로바로 차에 실어가는" 경우가 많이 늘어났다고 **최성이**는 주장했다. 상황이 이 지경에 이르니까 "아무래도 가까이 있는 사람이 먼저 먹는다고" 농민들은 자기네 먹을 식량부터 빼돌리려 하고 군인들은 수확하는 자리에 와서 무조건 빼앗아 가려고 하는 사태가 자주 벌어지는 실정이라고 **최성이**는 말해 주었다.

이 과정에서 나타나는 더 큰 문제는 "양정사업소 창고가 텅텅 비어 있게" 된다는 것이었다. 원래 양정사업소는 사방에서 들어오는 알곡을 다 모아서 각 지역의 배급소마다 골고루 배분해 주는 임무를 맡은 기관이다. 군량미도 당연히 양정사업소에 먼저 들어가고 그 곳에서 각 부대에 배분을 해 주는 것이 "사회주의를 지키는 원칙 중의 원칙이라고 해야 한다." 그런데 "양정사업소에 알곡이 들어가기도 전에" 군대와 힘 있는 기관이 다 빼돌려서 가져가는 상황이다 보니 "평민·평백성·하바닥·하천민에 속하는 사람에게[70] 돌아갈" 식량은 아예 처음부터 "양정에 들어오지도 못하는" 사태가 발생한다는 것이다.

이런 일이 발생하고 난 이후에 무역회사들이 나서서 중국에서 밀가루와 쌀을 대량으로 수입해 들어온 뒤 일반주민을 상대로 거래를 하는 일이 생겼다. 말하자면 주민들을 대상으로 고사리나 송화가루, 송이버섯, 말린 해삼, 말린 오징어, 명태, 사금[71] 등 "뭐든지 돈이 될 수 있는 품목은" 다 채취해서 가져 오라고 하고 그 값으로 밀가루와 쌀, 사탕가루 같은 물품을 지급해 주는 방식을 도입한 것이었다.

김인선은 예전에 국영상점에 가면 은하수 비누를 "눅은 가격으로 팔았던 일을" 기억했다. 그 당시에는 국정가격으로 살 수 있어서 가격이 쌌지만 지금은 "야무지게 제 값을 다 받고" 판다고 했다. 국영상점이나 장마당이나 물건을 대주는 사람은 "어차피 장사꾼이기 때문에" 가격 차이가 없이 똑같다는 것이 **김인선**의 의견이었다. 국영상점에서 싼 가격으로 구입할 수 있는 물건은 명절 때 공급하는 술 이외에는 없는 것 같다고 그녀는 말했다. 명절 때가 되면 국영상점에서 술 한 병에 100원-200원 정도로 장마당보다 값싼 가격으로 보급해 준다는 것이었다.

---

70) 적어도 공식적으로는 사회주의 평등 이념을 추구한다고 천명해 온 북한에서 살다 온 이들이 "평민과 간부"를 구분하고 "평민·평백성·하바닥 사람" 등 사람의 높고 낮음을 드러내는 용어를 사용하는 현실이 처음에 납득하기 어려웠다. 그럼에도 불구하고 이들의 일상적 언어습관에는 계층과 지위·직업·성별·연령·장애 여부에 따라 특정 집단을 비하하는 용어가 상당히 자주 등장하는 현실을 부정할 수 없었다.

71) 북한사회에서 송이버섯이나 사금은 북한당국이 독점적으로 취급하는 품목으로 공식화되어 있다. 그럼에도 불구하고 송이철이 되면 일반주민 중에서 송이를 캐러 산에 가지 않는 사람이 없을 정도라고 했다. 또한 금광이 있는 주변지역 주민들은 누구나 강바닥 모래를 뒤져서 사금을 모아두는 것이 보편화된 현상이라고 면담 대상자 대다수가 의견을 말해주었다.

김인선은 "식량도 식량이지만" 특히 비누를 구하는 것이 너무 힘들었다고 말한다. 자신이 어린 시절에는 "상점에서 비누를 막 팔았는데 미공급 시기에 들어서니까" 국정가격으로 살 수 있는 "빨래비누는 한 달에 한 장, 세수비누도 한 달에 한 장으로 딱 정해 두었을 뿐만 아니라 정해 놓은 분량도 구하기 힘들다 보니" 정말 어려움이 많았다고 하소연했다. 그러다 보니 농촌에서는 "강냉이 눈깔로 가루를 내서 양잿물 사다가" 비누를 만들어 쓰는가 하면 해바라기 심어서 직접 기름을 짜는 일이 많다고 했다. 이런 상황을 빗대어 사람들이 "시간이 갈수록 점점 구석기 시대로" 간다고 비웃기도 한다는 것이 그녀의 의견이었다.

최옥란은 대학에 입학하던 시절에 "교복 선물을 받았던" 일을 또렷하게 기억하고 있었다. 그녀가 기억하는 당시의 상황을 들어 보기로 하겠다.

> 얼마나 많이 줬는지 몰라요. 대학생들은 선물을 이만큼 줬어요. 탁아원생은 사탕만 줬지만 대학생은 한복 치마저고리 교복을 주고 지금 생각해도 엄청 멋있는 학용품 가방도 줬어요. 가죽 가방인데 그 속에 학용품이 다 들어가 있었어요. 일식으로....책도 몇 권 들어 있고 신발도 있고 얄팍한 나일론 꽃수건...카프라 수건 말고 무궁화 꽃무늬 달린 나일론 수건도 있었어요. 교복도 속치마까지 다 받았어요. 그거 다 공짜로 주니까...얼마나 울었는지 몰라요. 고맙고 그래서...거저 주니까...

최옥란은 당시 대학에서 “선물을 받는 행사를 크게 조직했었던 일을 또렷하게 기억한다고” 말해 주었다. “중앙당에서 손님이 와서” 그 행사를 참관한다는 소식이 전해졌고 며칠 전부터 모든 학생이 각자 “선물 교복을 다 자기 사이즈 맞는 옷으로 입어보고” 순서를 맞춰 보는 등 분위기가 고조되어 있는 상태였던 것으로 그녀는 기억했다.

> 그 날 행사에서 선물을 받았을 때 울어야 하는데 분위기를 조성해야 하니까...기자들이 와서 사진도 찍고 하니까...사람이 운다는 게 좀 그렇잖아요? 옆에 사람이 울면 따라 울게 되잖아요? 누가 먼저 우는가 하는 게 중요해요. 그래서 대학에서 울기 선수 2명을 선발했습니다. 하나는 연대장이었는데 잘 생긴 아이였어요. 나중에 5과에 뽑혀 갔어요. 또 하나는 아버지가 해군 간부인 아이였는데 그 아이 아버지가 돌아가신지 얼마 지나지 않았다고 했습니다. 그러니까 서러움이 많았겠지요? 그 둘을 뽑아서 먼저 단 위로 올라가서 선물을 받게 했는데 그 아이들이 받자마자 “아버지” 하고 울기 시작한 거예요. 큰 강당에 학생들이 전부 모여 있는데...그렇지 않아도 태어나서 생전 처음 받아보는 큰 선물에 감격해서 들떠 있는데 두 아이가 큰 소리로 울기 시작하니까 강당에 들어 찬 아이들이 전부 울었어요. 얼마나 울었는지 나중에는 머리가 깨질 것 같았는데...그렇게 우는 장면을 전부 찍어서 텔레비에 내보냈습니다.

그렇게 교복 선물을 처음 받고 2년 뒤에 또 받았다. 그 때는 2년에 한 번씩 “딱딱 교복을 주던 시절이었다.” 이렇게 교복 선물을 "풍족하게" 받았어도 그 시절에는 언제나 입는 문제가 늘 걸렸다. 당시에는 개인들 수중에 돈이 많지 않았고 옷이나 옷감은 값이 엄청나게 비쌌기 때문에 "아이들이 많은 집에서는" 입는 문제를 해결하는 것은 결코 쉽지 않았다고 했다.

그 시절에는 "요즘과 다르게 아버지 직장에서 생활비를 꼬박꼬박 줬기 때문에 집에 돈이 전혀 없었던 것은 아닌데" 그래도 식량을 제외한 생필품을 구하는 것은 언제나 힘겨운 일이었다고 **최옥란**은 기억했다. 북한이 비교적 잘 살았던 1970년대 당시에도 상점에 가면 무엇이나 구입할 수 있는 상황은 아니었다고 그녀는 말해 주었다.

> 그 시절에는 국가에서 운영하는 상점이 다 있었어요. 공업품상점이나 식료품상점, 물고기상점.... 월급받은 돈으로 다 살 수 있었는데 공업품은 가격이 엄청나게 비쌌어요. 공업품은 한 번도 배급했던 적이 없고 옷도 다 돈 내고 사서 입었습니다. 배급제가 아니었어요. 평양의 고위급은 모르겠지만 우리네 있던 회령에서는 65호 상점에 가도 돈을 내고 샀어요.

최옥란은 65호 공급대상은 아닌데 당시 그 상점 점장과 친분이 있어서 가끔 찾아가 보곤 했었다. 65호 상점 위치가 어디인지 사람들이 대부분 알면서도 "자기와 상관이 없는 곳이니까" 들어가 보지 않는 것이 일반적인 분위기였다.

그런데 자신은 상점 점장과 "안면이 있어서, 오라고 하니까" 가끔 찾아가면 기름이나 양말 같은 것을 가져가라고 주는 일이 있었다고 했다. 원래 점장이 마음대로 그런 물건을 주는 것은 안 되는 일이 아닌지 질문했더니 **최옥란**은 "에이, 북한에 그런 건 없어요" 하고 한 마디로 상황을 정리해 주었다. 북한 어느 지역에서나 상점 점장도 그렇고 상업관리소 소장 하는 사람들은 "다 그렇게 할 것이라고" 단언했다.

북한에서 "직업이 좋다는 말은" 이리저리 먹을 것도 잘 가져오고 비누를 비롯한 생필품을 빼돌릴 수 있는 직장에 다닌다는 뜻이라고 **최옥란**은 말했다. "직업이 좋고 다니는 직장에서 간부 위치에 올라가면 공장에서 만드는 물건을 더 많이 가지고 나올 수 있어서" 그 집 식구들이 좋아한다고 했다. 공장에서 기름을 짜면 기름을 가져오고 사탕을 만들면 사탕을 가져오는 것이다. "예전에도 그랬지만 지금도 북한에서는 생산하는 공장에 다니는 사람은 다 채서 살아간다."

이렇게 하는 것이 잘못하는 일이라는 사실은 잘 알지만 다른 사람도 다 그렇게 살아가니까 누구나 "남몰래 가만가만 빼돌리는" 것이다. 따지고 보면 누구나 물건을 빼돌린다는 것을 서로 다 알고 있으면서도 "어쩌다 한 사람이 잘못해서 들짝이 나면 야단스럽게 비판을 하고 시끄럽게" 굴었다고 했다. 그렇지만 알고 보면 공장 내 "지배인이나 안전원, 보위원" 같은 사람은 더 많이 빼돌린다는 것이었다. "가만히 보면 남들이 다 굶어죽는 시절에도 그런 집은 먹고 사는데 구애가 없이 지냈을 정도라고" **최옥란**은 말했다.

김안전은 배급이 제대로 안되던 시기에는 직장에서 가을철이 되면 "강냉이밭을 정해 주고 직접 강냉이 통이삭을 가져가라고" 정해주는 경우가 자주 있었다고 했다. 물론 "위에서 이런 말이 떨어지면" 어떻게 하든지 사람들을 동원해서 강냉이를 자루에 담아서 옮겨와야 한다. 그래도 그렇게 하는 것이 몇 달치 식량배급을 한꺼번에 해결할 수 있는 방법이었기 때문에 그런 지시가 떨어지면 나름대로 행복했었다고 그는 말했다. 이럴 때 "우물쭈물하다가는 금방 누군가 다 채가지고 가서" 자신의 몫이 없어져 버릴 것이라고 했다. 그나마 이런 방식으로 식량배급을 해결하던 것도 1995년이 지난 뒤에는 "딱 끊어지고" 말았다는 것이 그의 의견이었다.

최성이는 회령 시내에서 직장생활 하면서 1995년까지 "밀리더라도 배급을 받았던" 것으로 기억했다. 그런데 1996년에 들어가니까 배급을 주는 시기가 점점 뒤로 밀리기도 하지만 더 큰 문제는 밀렸던 분량을 아예 주지 않는 일이 많아졌다는 것이라고 했다. 1997년에 들어가면 배급이 전혀 없었다고 그녀는 기억했다.

> 1996년에는 2-3개월에 한 번씩 배급을 준다고 하기는 했는데 밀린 걸 다 주는 게 아니라 이미 지나간 것은 그냥 없는 셈 치고 보름치 식량 중에 일부만 주고 했었고 1997년에는 아예 하나도 주지 않았어

요. 1998년에도 그랬고 1999년부터 조금씩 다시 주기 시작했고 2000년이 되니까 조금 나아지더군요.

농촌은 보름에 한 번 식량배급을 받던 시내와 달리 일 년에 한 번 분배를 받는데 고난의 행군기는 농촌에서 먼저 시작했다고 **최성이**는 지적했다. 그 이유는 당시 협동농장마다 군량미를 먼저 "싹 갹출해 갔기 때문에 농민들이 분배 몫을 제대로 받지 못했다는" 것이었다. 그녀의 설명을 더 들어보기로 하겠다.

예를 들어 어떤 농장에서 그 해 1,000톤을 생산해서 군량미로 300톤을 보내야 하는 경우에 생산이 채 400톤이 되지 않는 상황이라 해도 군량미 300톤은 먼저 가져갔거든요. 이런 경우에는 나머지 100톤을 가지고 나눠 먹어야 하니까 농민한테 돌아갈 분배 몫이 확 줄어들게 됩니다.

이렇게 되니까 고난의 행군 초창기에는 농촌에서 사람들이 "무더기로 막 쓰러지는 사태가" 일어났다. 그러다가 점차 농민들이 개인적으로 소토지 농사를 짓기 시작하면서 상황이 달라졌다. 한때 "농촌 사람들이 시내 사람보다" 더 많은 식량을 확보해 두었던 시기도 있었다고 했다. 그 기간이 별로 길게 가지는 않았지만 그래도 당시에는 시내에서 살던 처녀가 농장원 총각한테 시집가는 일도[72] 드물지 않았다는 것이다.

---

72) 면담 과정에서 이들은 대부분 시내 사람과 농촌 사람을 구분하는 경우가 많았다.

최성이는 자신이 회령시 역사의 절정기로 기억하는 1980년대 당시 재미있는 상황을 몇 가지 경험했다고 그 이야기를 들려주었다. 당시 회령시 인구는 13만 명 정도 되는 것으로 들었는데 그 중에서 시내 인구는 5만 명이었다고 그녀는 기억하고 있었다. 그런데 김정숙 출생 75돌이 되는 1982년에 회령 시내 사람들은 "일 년 내내 특별선물을 받았다고" **최성이**는 자신이 직접 경험한 일을 말해 주었다.

> 1982년 4월 15일에는 회령 시내 사람들은 각 세대별로 러시아산 시계를 하나씩 받았어요. 라게따와 슬로바라는 상표의 시계를 세대별로 하나씩 특별공급해 주었습니다. 당시 국정가격을 기준으로 하면 라게따보다 슬로바가 더 비쌌어요. 그래서 집집마다 어떤 시계를 받을지 서로 신경을 곤두세우고 다투던 일이 생생하게 기억납니다. 같은 해 12월 24일에는 "김정숙 어머님 탄생했다고" 선물담요를 집집마다 공급해 줬어요. 그보다 2년 뒤에는 국정가격으로 650원 하던 대동강 텔레비전 1,000대를 회령 시내에 풀었던 일도 있습니다. 그 당시 일반 사무원이 한 달 생활비로 받는 돈이 40원-100원 정도였으니까 대동강 텔레비전 1,000대가 한꺼번에 회령 시내에 떨어진 것은 정말 대단히 큰 혜택이었지요.

그런데 시내에서 살던 처녀가 농촌으로 시집가는 일은 평소에 거의 없었다고 한다. 도시 처녀가 농촌 총각과 결혼하는 것을 기피하는 현상은 북한 사회 전역에 널리 퍼져 있는 풍조로 보인다. 1990년대 초반에 나온 영화 "도시처녀 시집와요" 줄거리도 그렇지만 평양시 월향동 독신자 합숙소에 유독 30세가 넘어도 시집가지 않은 노처녀가 많은 이유도 이런 풍조로 설명할 수 있는 현상이라 하겠다.

이런 선물을 회령시 주변의 농촌이나 탄광 지역 주민에게도 골고루 나눠 준 것인지 잘 모르겠다고 **최성이**는 말했다. 그 당시에는 "철이 없어서 다른 집에서도 다 선물을 받았을 것이라고" 생각했는데 지금 와서 돌이켜 보니 "아마도 시내 사람만 받지 않았을까" 하는 의문이 생긴다고 했다. 어쨌든 그 당시에는 주변의 다른 지역과 달리 유독 회령에만 "대단한 선물이 오는 것을 보면서" 자신이 "김정숙 어머님 고향" 출신이라는 점에 대해서 "긍지감을 갖게 되었다고" 표현했다.

3. 주택과 전기 사정

북한당국은 공식적으로 개인 사이의 주택 거래를 허용하지 않는다. 원칙상 모든 주택은 해당 지역 도시경영사업소에서 발급해 주는 "입사증"을 받고 입주해야 한다. 살던 집을 떠나 다른 집으로 옮겨가는 경우에는 기존의 입사증을 반납하고 새로 이사할 지역에 가서 새로 입사증을 발급받아야 하는 것이다. 그 이외에 개인들 사이에서 서로 돈을 주고 집을 사고파는 행위가 있다면 당연히 불법으로 "법기관의 취급을 받아야" 한다.

만약 당국의 지시로 "세대주가 직장을 다른 곳으로 조동해"[73] 가는 경우에는 이런 절차를 따라서 새로 집을 옮기는데 필요한

73) 북한에서 이사를 한다는 것은 원칙상 세대주가 직장을 멀리 떨어진 곳으로 옮겼을 때 당국의 허가를 받아 집을 옮기는 일을 의미한다.

입사증을 발급받는 것이 별로 어렵지 않다. 그러나 공식적으로 이사할 사유를 증명하지 못하는 사람에게는 이런 절차를 통해 살던 집의 입사증을 반납하고 새로 들어갈 집의 입사증을 받는 것이 북한사회에서는 원칙상 불가능한 일이다.

그렇지만 "사람이 사는 세상에서" 인기가 높은 주택도 있고 별로 살고 싶어 하지 않는 집도 존재한다는 사실은 불가피한 현상이 아닐 수 없다. 자연히 회령에서도 사람들이 서로 살고 싶다고 하는 집과 살기 싫다고 하는 집이 생겨나게 마련이다. 그리고 "세대주의 직장을 조동하는 일이 없는 경우에도" 될 수 있으면 좋은 집에 들어가서 살고 싶은 마음이 생기는 것도 인지상정의 일이다. 교통이 편리하거나 시장 주변의 아파트가 인기가 높고 사람에 따라서는 아이들을 위해 교육환경이 좋은 집을 찾는 경우도 있다고 했다.

북한에서는 대체로 땅집보다 아파트의 인기가 많은 편이다. 같은 아파트라고 하더라도 인기가 높은 층은 주로 2층이나 3층이다. 대체로 1층은 번잡하고 도둑이 많아서 별로 인기가 없고 꼭대기 층도 물이 잘 나오지 않고 오르내리기 힘들다는 이유로 사람들이 별로 찾지 않는다. 그래서 아파트는 중간층이 인기가 많다. 5층 아파트는 3층이, 3층 아파트에서는 2층이 가장 인기가 많은 층이다.

좋은 집에 살고 싶어 하는 수요가 잠재해 있기 때문에 비록 당국에서 허용하지 않는다 해도 "요구가 맞는 사람들이 만나" 집을 맞바꾸거나 웃돈을 얹어주고 옮겨 가는 등 “서로 예술적으로” 더 크고 좋은 집으로 이사해 가는 행태가 나타나는 것은 막을 수 없는 일이라고 이들은 주장했다. 면담 대상자 20명은 2000년 이후 회령 시내 상황을 설명하면서 아직 “직업적인 거간꾼이 생겨난 것은 아니지만” 집을 옮기고 싶을 때에는 누구를 찾아가 소문을 내달라고 부탁을 해야 하는지 대강 알려져 있는 상황이라고 주장했다.

회령에서 가장 인기가 높은 아파트가 몰려 있는 지역은 시내 중심에 해당하는 성천동이나 역전동이라고 말해 주는 사람이 많았다. 특히 2000년대 초반에 옛날 성천중학교 자리로 회령종합시장이 옮겨 온 이후에는 그 주변의 아파트 값이 “확 높아졌다.” **김정신**은 2008년 당시 자신이 살던 집 가격이 220만원이라는 소문을 들었는데 지금은 “시장 덕분에” 가격이 훨씬 더 많이 올랐을 것이라고 말해 주었다.

김세익은 회령에서 가장 인기가 높은 아파트는 동상 주변의 역전동에 있다고 지적했다. 위치가 제일 좋은 지역은 역전동이고 그 다음으로 “남문동 교원대학 근처 회령 시내 맨 끝 아파트도” 좋다고 했다.

> 거기 비법이 많아요. 시장이 움직이면 아파트 가격도 따라서 달라집니다. 2008년 당시에는 아파트 한 채 가격이 150만원 정도 했습니다. 당시 인민폐 100원에 북한 돈 52,000원 했으니까 아파트 가격

이 150만원이라고 하면 페로 7만원 되겠군요. 한국 돈으로 따지만 130만원-150만원 정도 할까요?

역전동 아파트는 시내 중심에 있고 시장도 가까우니 그렇다고 하더라도 남문동 교원대학 앞 아파트는 왜 인기가 좋은지 질문했더니 재미있는 대답이 돌아왔다. "그게 다 자식들 키우는 것 때문에" 그렇다고 **김세익**이 대답했다.

처음에는 그 아파트가 별로 인기가 높지 않았는데 차츰 교원대학 아이들이 기숙하기 시작하면서 인기가 높아졌어요. 대학 기숙사가 워낙 춥고 배고프니까 부모들이 남문동 아파트에 아이를 맡겨 놓고 대학에 다니게 하는 사람이 많아진 것입니다. 그 아파트 가격도 많이 올랐습니다.

김세익은 회령 시내 아파트가 대부분 "블로크로 쌓아 올리고 기중기도 없으니까 높이 짓지 못하고 3층이나 5층 정도가" 많다고 말해 주었다. 회령 시내에서 제일 높은 아파트는 7층짜리로 2동이 있다고 했다. 아파트 내부 구조는 간단한 편이라는 것이 **김세익**의 의견이었다.

내부 구조는 간단합니다. 방이 있고 거실이 나오고 또 방이 있고 부엌 딸려 있고... 방을 많이 해 두어도 필요 없어요. 방에서 돼지를 키우는 집이 많으니까... 보통 석탄을 때는데 노인방에는 아예 석탄길이 들어가 있지도 않아요. 어차피 그 아랫방에서는 돼지를 키우니까...

아랫방에서 돼지나 토끼를 기르는 사람들이 많습니다. 아파트에 들어가면 한 칸에만 사람이 살고 다른 칸에는 다 돼지나 염소, 토끼를 기르는 겁니다. 회령만 그런 게 아니에요. 성진제강소 주변 아파트에 들어가 보면 몽땅 돼지 칸입니다.

정혜봉은 북한에서 아파트는 평양이나 청진이라고 해도 3층이 제일 좋다고 했다. 엘리베이터도 없고 층이 높으면 물이 잘 올라오지 않고 물건 나르는 것도 힘들고 그러니까 낮은 층이 좋지만 1층이나 2층은 사람들 지나다니면서 시끄럽고 도둑도 많으니까 3층 정도가 좋다는 것이 그의 의견이었다.

나는 아파트 3층에 살았습니다. 5층 아파트 건물에 방 3칸짜리는 20세대도 안됩니다. 한 동에 방 3칸짜리도 있고 2칸짜리도 있는데 나는 3칸 아파트 쓰고 살았어요. 원래 2칸짜리 살았댔는데 15,000원 더 주고 3칸짜리로 옮겼습니다. 당시 북한 돈 15,000원은 100달러가 안 되는 정도였어요. 100달러에 북한 돈 25,000원 했던 것으로 기억합니다. 15,000원은 70달러-80달러 정도 했을 것 같은데 그 사람은 아주 좋아하면서 그 돈을 받고 집을 바꿔 주었습니다.

윤진덕·윤세평·박승극은 북한에서 아파트를 다 지었다고 해도 "들어가 살 사람이 해야 하는 게 많다고" 지적했다. 아파트를 다 지었다고 하는 상태가 "전기선 넣고 건물 외부와 내부에 미장 끝내고 수도관 설치하면" 다 끝났다고 한다는 것이었다. 이 상태에서 그 집에 살 사람이 들어가서 "전등이랑 갓 달고 장판·벽지 다 해야 하는" 실정이라고 말했다. 집을 다 지었다고 해서 들어갔더니 그 상태가 골조 세우고 벽체만 만들어 놓은 정도라고 말해 주는 사람은 여러 명 있었다. **김인선**도 집을 지었다고 해서 가 보니까 "방바닥에 시멘트 버석버석한 상태로 있는데 들어가서 이것저것 다 새로 해 넣어야 겨우 살림살이 꼴을 갖추게 될 정도로 한심한 상태였다고" 설명해 주었다.

면담 대상자 중에서 20대 초반 연령층에 해당하는 **윤진덕·윤세평·박승극**은 "집은 받는 게 아니고 사는 것"이라고 단언했다. 이들은 북한에 살 때 집을 배정받는 것이라고 생각해 본 일이 없다고 말했다. 최근 몇 년 사이에 회령천을 따라 새로 지은 아파트도 "따지고 보면 국가에서 지은 다음에 개인에게 배정한 게 아니라 팔아먹었다는" 것이 이들의 주장이었다. 집을 배정해 준 다음에 "국가에서 개인한테 돈을 내라고 했으니까" 결국 돈 내고 집을 산 것이나 마찬가지가 아니냐고 이들은 목소리를 높였다. 그 돈을 감당할 형편이 아닌 사람들은 새 아파트를 배정받았어도 들어갈 엄두를 내지 못한 채 다른 사람에게 팔아넘겼다고 했다.

그런데 간혹 "집을 받는 사람들이 있기는 하다고" 지적하면서 이들은 재미있는 이야기를 들려주었다. 도시계획에 따라 어느 지역에 민가를 철거하면 다른 집을 배정해 주는 것이 아니라 "집 지을 땅에 금을 그어 준다고" 했다.

> 집을 받는 사람들이 있기는 있는데 그게 실제로 집을 준 것이 아니라 땅에다 금만 그어서 줘요. 이만한 땅에 너네가 집을 지어서 살라고... 이런 건 그 집을 철거할 때 다른 데 가서 살라고 땅을 주는 거예요. 그래도 예전에는 살던 집을 철거하고 새로 집을 지으라고 땅을 줄 때 벽돌이나 그런 자재도 같이 줬는데 요즘은 아무 것도 안 주거든요.

최옥란은 실제로 그런 경험을 했던 사람이었다. 원래 **최옥란**이 살던 곳은 오산덕동에 큰 방이 4칸이나 있는 기와집이라고 했다. 그런데 "김정숙 어머님 생가를 지을 무렵" **최옥란**이 살던 집을 헐어야 하니 남문동에 새로 지은 아파트로 이사를 가라는 지시가 떨어졌다. 당시 **최옥란**네 식구는 할머니도 계셨고 "엄마・아버지도 나이가 많아서" 아파트는 계단이 있어 불편하니 가지 않겠다고 했더니 땅만 주고 알아서 집을 짓고 살라고 했다는 것이었다.

그 때 당시, **최옥란**네 식구처럼 아파트에 들어가지 않고 직접 집을 지어서 살겠다고 하는 사람들이 몇 세대 더 있었다. 회령시에서는 그런 세대를 모아서 "옛날 안전부 자리, 회령중학교 뒤쪽에 터를 정하고" 집 지을 수 있는 부지를 나눠 주었다. 문제는 회령시에서 자재는 하나도 주지 않았다는 것이었다. 할 수 없이 예전 집을 헐어서 그 때 나오는 자재를 옮겨서 집을 지었더니 새 집의 크기가 원래 살던 집 규모의 절반도 안 될 정도로 줄어들었다고 했다.

자신의 경험을 설명하면서 **최옥란**은 북한에 아직도 개인집이 남아 있다는 사실을 알려 주었다. 개인집이 무엇을 의미하는지 질문했더니 최옥란은 "일제시대에 자신의 이름으로 등록해 놓은 집으로 1945년 이후 전혀 손대지 않은 상태로 고스란히 남은 집"을 말한다고 설명했다.

> 1945년 이후, 국가에서 어떻게 법을 정해 놓았는가 하면 개인집이라도 헐고 다시 지었거나 내부 장식을 바꿔서 변경하면 국가집이 된다고 했어요. 국가집이 되는 것을 피하려면 죽을 때까지 하나도 건드리지 말고 내버려 두면 되는 것이지요. 그러니까 지금은 개인집이 거의 없다시피 해요. 1945년 이전에 아무리 새 집으로 지었다고 해도 지금은 낡았는데 그걸 허물어서 새로 짓거나 고치면 바로 국가집이 되니까...그래도 아직 몇 채는 남아 있을 거예요.

개인집의 존재를 알려준 사람 중에는 **김안전**도 포함되어 있다. "국가집과 달리 개인집은 집세가 없으며 나중에 사거나 팔아도 법에 위반되지 않는다 하는 내용을 적은 뒤 재판소 직인을 찍은 증서가 있다고" 말해 주었다. 일찌기 1958년에 북한당국이 "사회주의의 완성을 선언했을 때" 개인 소유의 부동산을 완전히 정리한 것이 아닌지 질문했더니 **김안전**은 "토지는 그렇지만 주택은 아니라고" 대답해 주었다. 이 사람이 설명하는 내용을 조금 더 들어보고자 한다.

금생에 있던 우리 집도 개인집이었어요. 목조건물이었는데 한 번 허물어지면 다시 지어야 하는데 그러다 보면 국가집이 되니까 지금은 아마 국가집이 되었겠지요. 1970년대-1980년대 당시만 해도 개인집이 꽤 있었습니다. 나중에 점차 국가집이 되었지만...지금은 유무상통으로[74] 개인집과 국가집을 맞바꾸는 일이 많아요. 그런데 집을 그냥 두면 개인집으로 유지할 수 있지만 일단 바꾸거나 고치면 그 집은 무조건 국가집이 되고 맙니다. 예전에는 개인집을 국가 소유로 넘기면 손해라는 인식이 있었는데 지금은 뭐...그런 생각이 크지 않아요. 국가집도 돈을 주고 사고팔고 하니까...

"국가집을 사고파는 행위는" 불법이 아닌지 질문했더니 **김안전**은 "그렇기는 하지만 현실적으로 별 문제가 없는" 상황이라고 단언했다. "어차피 법에서 통제하는 방법도 없고 국가집을 공급한다고 하지만 수요를 따라가지 못하니까" 이렇게 집을 사고팔고 하는 것을 막을 수 없다고 설명했다.

회령 시내에서 집값이 제일 비싼 동네는 성천동 역전 근처라고 **김안전**은 말했다. 이 동네는 "모든 게 다 갖추어져 있어서" 집값이 비싸다고 설명해 주었다. 기본적으로 북한에서 집값을 결정하는 요인은 "여기처럼 공기 좋고 한강 있고 그런 게 아니라 돈을 많이 벌 수 있는 곳인지 아닌지" 여부라고 했다.

---

74) 북한이탈주민과 대화하는 과정에서 간혹 우리에게 익숙하지 않은 한자 용어를 사용하는 경우를 발견하게 된다. 유무상통(有無相通)이라는 용어가 이런 사례에 해당한다. 이런 경우에 한자로 어떤 글자를 쓰는지 아는 사람은 거의 없다. 다만 이런 용어를 사용하는 용례에 비추어 볼 때 어떤 한자를 쓰는지 짐작할 수 있을 따름이다.

> 성천동 역전 근처는 장마당 가깝고 써비차가[75] 거기 다 있고 병원도 가깝고 사람들 유동이 많아서 밤중에 숙박하거나 식당을 이용하는데 편리하고...한 마디로 장사하기 좋은 동네였어요.

회령 시내 집값은 변동이 많지만 대략 2004년을 기준으로 50만원-60만원 하는데 제일 위치 좋은 성천동 같은 곳은 100만원 하는 집도 있다고[76] 말해 주었다. 대체로 땅집보다 아파트를 찾는 사람이 많다고 **김안전**은 설명했다. 그런데 아파트라고 해도 1층은 도둑이 많아서 방범창을 해야 하고 여러모로 불편하니까 2층이나 3층이 좋다고 다시 한 번 강조했다. 회령 시내 아파트 중에서 6층짜리 건물은 하나 있었고 대개 4층이나 5층이 많다는 것이 **김안전**의 의견이었다.[77]

회령 시내 중심은 김정숙 동상을 중심으로 그 근처로 보면 된다고 **최성이**는 말했다. 김정숙 동상 맞은편에 시 당 청사가 나오는데 바로 그 옆으로 "공업품 상점 아파트가 있다고" 했다. 회령

---

75) 써비차 역시 어원이 정확하지 않은 말 중의 하나이다. 아마도 써비라는 용어는 서비스에 그 유래를 두고 있는 것 같은데 확실하지는 않다. 고난의 행군기를 지나면서 북한사회에는 다양한 유형의 써비가 등장했다. 대체로 돈을 주고 자신이 원하는 형태의 서비스를 받는 경우에 써비라는 용어를 사용하는 것 같았다. 써비차도 그런 유형 중의 하나로 돈을 받고 사람과 짐을 실어 나르는 목적으로 운행하는 차량을 의미한다.

76) 면담 대상자 20명이 기억하는 회령 시내 집값은 제각각 달랐다. 대체로 자신이 집을 샀던 시점의 집값이나 탈북 무렵의 시세를 기억하는 경우가 많았다. 그 이외의 기간에는 집값이 오르거나 내렸다는 큰 흐름은 알지만 자세한 가격을 기억하지 못한다고 말하는 사람이 대부분이었다.

77) 아파트가 몇 층인지 알려 줄 때 역시 사람에 따라 구체적인 수치는 다르게 말해 주었을 가능성이 있다.

시내 아파트는 별도의 이름이 없고[78] 그 건물 1층에 자리를 잡고 있는 상점의 명칭을 따서 "건재상점 아파트·공업품 상점 아파트·가정일용품 아파트라고 하거나 특징적인 면모를 콕 찍어서 3대혁명 아파트·보위부 아파트 등으로 부른다고" **최성이**는 설명했다. 보위부 아파트는 보위부원이 많이 사는 곳이라는 느낌이 드는데 3대혁명 아파트는 왜 그렇게 부르는지 질문했더니 "그 아파트 꼭대기에 3대혁명 구호가 크게 붙어 있는데 얼마나 큰 글자를 붙였는지 멀리서 다 보일 정도라서" 그런 이름으로 통하는 것이라고 말했다.

> 건재상점 아파트는 산업동 탄광기계공장 위에 있었는데 총 100세대 정도가 살았어요. 3대혁명 아파트는 회령경공업전문학교 근처에 있었어요. 우리 집은 1979년에 5개 동을 간부사택으로 지은 새 아파트로 이사했습니다. 5개 동 중에서 3개 동은 모양이 똑같고 2개 동은 다르게 생긴 아파트였거든요. 모양이 같은 3개 동을 들여다보면 한 층에 1호부터 4호까지 4세대가 사는데 3호가 제일 좋은 집입니다. 3호는 방이 세 개 있는데 다른 곳은 방이 2개 밖에 없었습니다. 집 안에 수세식 화장실도 넣고...양변기 말고 쪼그리고 앉아야 하는 그런 변기 있잖아요? 그런 변기를 넣은 화장실이 있었어요. 그리고 주방하고 거실도 있고 방도 3칸이나 있는 신식 아파트였습니다.

---

78) 이런 현상이 회령시 특유의 상황은 아닌 것 같다. 면담 대상자 중에서 회령 이외의 지역에서 온 사람들 역시 자신이 살던 아파트를 설명할 때 이런 방식으로 구분하는 경우가 많았다.

간부사택으로 지은 아파트에는 도대체 어떤 사람들이 들어와 사는지 질문하자 "평범한 노동자 가족은 하나도 없었다" 하는 대답이 돌아왔다. 한 마디로 "회령 시내에서 잘 나가는 간부 집안은 모두 그 아파트에 모여 살았다" 하는 것이 그녀의 대답이었다. 100세대 중에서 특별히 눈에 띄는 사람이 누가 있었는지 다시 질문을 해 보았다. 그랬더니 **최성이**는 "회령산원 부원장·백살구 공장 지배인·회령국수집 창고장·회령 안전부 정치부장·크라프트지 공장 무슨 부장인가 그 집도 있었고 석호라는 이름을 지닌 재일교포가 살았는데 회령시 체육위원회 부위원장인가 지도위원인가 한다고 했던 사람도 살았다" 하고 줄줄이 열거해 주었다.

너무나 당연한 일이지만 이 아파트에 사는 사람들은 회령 시내에서 생활수준이 높은 계층으로 손꼽히던 상황이었다고 **최성이**는 기억했다. 이사하기 전에 살았던 공업품 상점 아파트에서는 텔레비전 가진 집을 보기 힘들었는데 새로 이사한 이 동네 아파트에서는 층마다 한 대 정도는 있었던 것으로 기억했다. 아마도 새로 지은 신식 아파트에 "회령에서 잘나가는 사람들이 힘을 써서 주택 배정을 받아 들어왔기 때문에" 그렇게 된 것이 아닐까 하고 **최성이**는 짚어 주었다. 주택 배정이라는 것이 원래 "행정위원회 주택배정과에서 하는데 그 일이야말로 알게 모르게 권력이 많이 작용하는 일"이라고 **최성이**는 말했다.

[사진 4-5] 아파트 상단에 일심단결 구호판이 있는 모습
출처: 2006년 1월 평양에서 직접 촬영

[사진 4-6] 개성 시내 아파트 단지

출처: 2006년 4월 개성에서 직접 촬영

사람들이 아파트를 선호하는 이유가 무엇인지 그녀에게 질문해 보았다. 텃밭에 농사를 지으려면 땅집이 더 유리할 것 같은데 왜 아파트를 선호하는지 물어보자 그녀는 "그런 집이 별로 없는 실정이라고" 대답해 주었다. 대부분 "6-7세대가 한 줄로 쭉 이어져 있고 집 밖으로 공동변소가 딸린 형태의 하모니카 주택이 많은데" 그런 집은 땅이 좀 붙어 있다고 해도 텃밭이라고 할 것도 없을 정도로 좁아서 사람들이 별로 좋아하지도 않는다고 했다.

최성이도 아파트를 지어 놓으면 그 곳에 살 사람이 들어가서 "장판도 깔고 벽지도 해야" 한다고 말해 주었다. 그리고 북한에서는 아파트에 산다고 해도 대체로 안방을 중심으로 생활하는 경우가 많고 "여기서 말하는 거실문화는 보기 힘든 것" 같다고 그녀는 설명했다.

윤진덕 · 윤세평 · 박승극은 회령 시내에서 쓰는 전기는 어디서 오는 것인지 잘 모르겠다고 했다. 회령시 근처에는 발전소가 "있는 것 같지는 않다고" 이들은 말해 주었다.

2009년 화폐개혁을 하고 난 다음에 얼마 지나지 않았을 때 일이었는데 "12월 24일이 기념일이라고 회령 시내 십자거리에 불장식을 달았던" 일이 있었다고 이들은 기억했다. 그 때 "김정숙 태어난 날이라고" 중앙에서 간부들이 내려 왔는데 시내에 나가 보니까 얼마나 멋있게 해 놓았는지 "회령도 장식해 놓으니까 이렇게 좋구나" 하는 생각이 저절로 들었을 정도였다고 그 때의 일을 기억했다.

그런데 "김정숙 생일 기념한다고 이틀 동안 불장식 하고 난 뒤에는" 회령에서 한 달 동안 쓸 전기를 다 썼다고 "난리가 났다고" 했다. 그 이후에 "주민세대로 갈 전기를 몽땅 짤라서 정말 한 달 동안 가정집 전구에 불이 깜빡도 하지 않았다는 것이" 이들이 기억하는 상황이었다.

사실상 겨울에 전기를 한 달 정도 안 주는 것은 흔한 일이었기 때문에 그 당시 상황이 다른 때보다 특별히 더 힘든 것은 아니었다고 이들은 말했다. 난방은 "전기로 덥히는 것이 없고" 대부분 다 나무를 때서 집을 덥히니까 "전기를 짤라도 별로 상관이 없는" 일이라고 했다. 결국 "전기를 준다고 해도 텔레비전 보는 것 이외에는 딱히 할 일도 없으니까 여기처럼 그렇게까지 크게 의미가 있는 일도 아니었다는 것이" 이들의 공통적인 의견이었다.

4. 병원과 질병 치료

북한당국은 물론이고 주민들 역시 "11년제 무료교육 제도와[79) 완전무상치료 제도가 사회주의 북한의 자랑이라는" 점을 수시로 강조해 왔다. 이 점을 염두에 둔 채 면담 대상자 20명의 경험담

79) 북한당국은 1960년대에 이미 9년제 의무교육 제도를 실시하다가 1970년대에 들어서면 그 기간을 11년으로 2년을 연장한다. 11년제 의무교육이란 유치원 높은반 1년과 소학교 4년, 중학교 6년을 의미한다. 그런데 2012년 9월에 소학교를 1년 연장하여 5년으로 하고 중학교를 초급 3년과 고급 3년으로 구분함으로써 총 12년제 의무교육을 실시한다는 법령을 발표한 바 있다.

을 듣는 과정은 그야말로 이해하기도 어렵고 심정적으로도 매우 고통스러운 순간의 연속이었다. 수술 도중에 전기가 끊어지는 일은 "날이면 날마다 일어나는 일이라고" 지적하는가 하면 마취제를 적정량 투약하지 않아서 개복 상태에서 환자가 깨어나는 사태도 발생한다는 이야기를 심드렁한 표정으로 들려주기도 했다. 결국 면담 대상자 20명이 직접 경험했다고 이야기하는 내용을 잘 정리해 보면 오늘날 북한 내 병원과 치료 관행이 현실적으로 이것도 없고 저것도 없다는 내용으로 점철되어 있다는 결론에 도달하게 된다.

"병원 자체가 깨끗하지도 않고 소독을 하지도 않으니까" 돈이 있는 사람은 아예 병원에 가지도 않는다고 했다. 병원에 가면 "소독약도 없고 소염제도 없고 약솜도 없고 깨끗한 가제 수건도 없고 온통 없는 것 투성이" 상태라고 이들은 말했다. "그저 돈이 없는 사람이나 집에서 아파봐야 별 수 없으니까" 병원에 가기는 가는데 "그것도 뭐 가봐야 소독이나 해 주는 정도라고" 현장의 어려운 사정을 하소연했다.

[사진 4-7] 이후 [사진 4-11]까지 살펴 본 **김현숙**은 그나마 평양에 위치한 병원이니 어느 정도 필요한 도구와 물자를 갖추고 있는 것이라고 지적했다. 회령은 물론이고 다른 지방 도시에서도 이 정도 수준을 기대하기 어렵다고 했다. 오늘날 북한 내 병원에서는 상처를 소독하는 간단한 의료행위도 깨끗하게 처리할 것으로 기대하기 어렵다고 그녀는 주장했다.

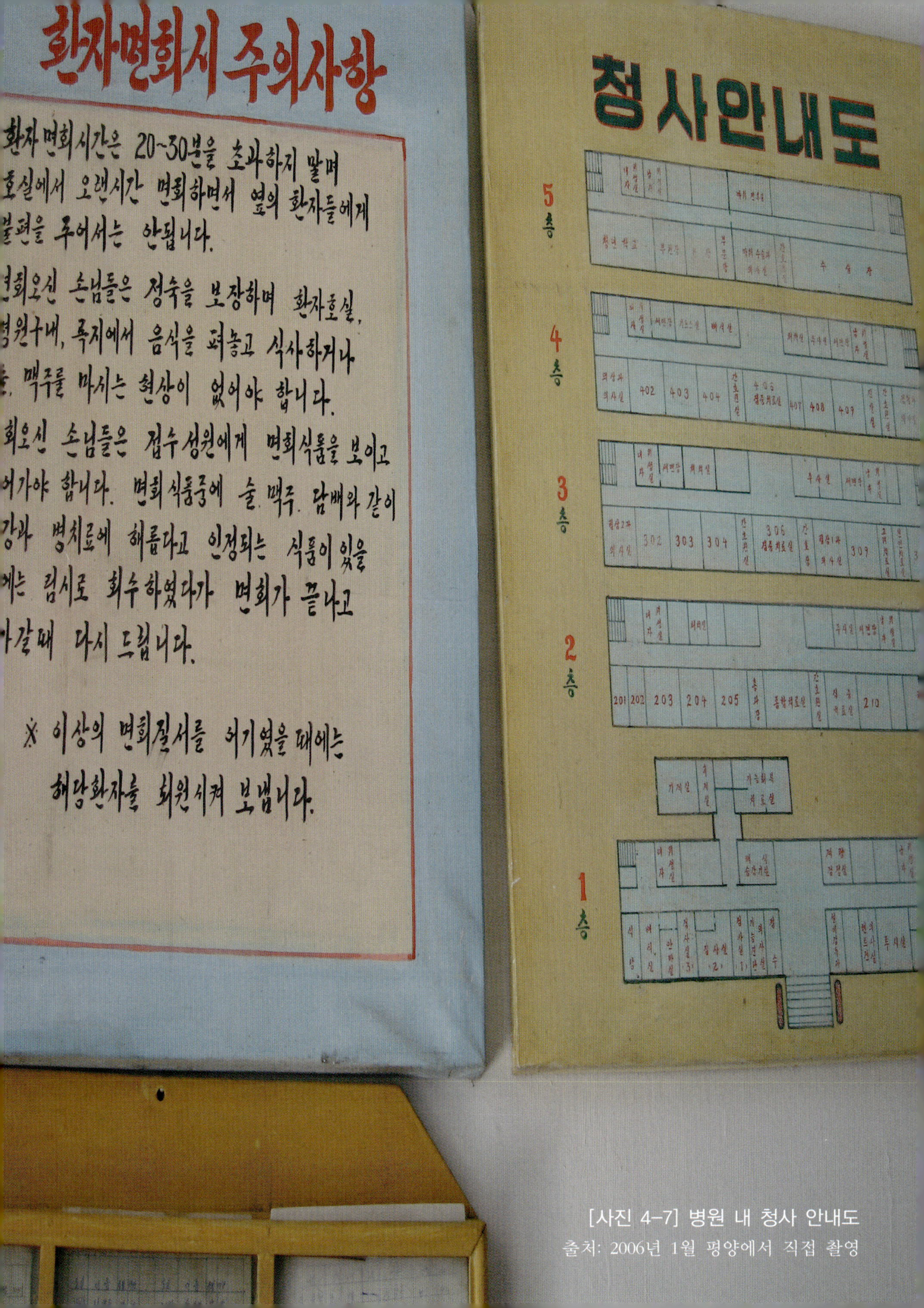

[사진 4-7] 병원 내 청사 안내도

출처: 2006년 1월 평양에서 직접 촬영

[사진 4-8] 병원 입구의 환자 명단
출처: 2006년 1월 평양에서 직접 촬영

[사진 4-9] 산부인과 내 자체 제작한 인큐베이터
출처: 2006년 1월 평양에서 직접 촬영

[사진 4-10] 병원 내 진료 담당과 구분 현황

출처: 2006년 1월 평양에서 직접 촬영

[사진 4-11] 식염수 보관 현황
출처: 2006년 1월 평양에서 직접 촬영

홍봉덕은 미공급 전에 1990년대 초반 당시에도 이미 자신은 "병원에 갈 때 직접 중국에서 들어 온 약품이나 도구를 다 사가지고 가서 병원 의사에게 주면서 치료나 잘 하라고 닥달을 했다고" 말했다. 그러니까 "일반 사람들이 1전 한 푼 없이 딸랑 몸만 가면 의사들이 국가에서 나오는 약을 하나도 쓰지 않으려 했다는 것이" **홍봉덕**의 의견이었다. 이 사람의 말을 조금 더 들어보고자 한다.

병원에는 전쟁물자 예비창고인 4호 창고가 있습니다. 약품을 모두 전쟁물자로 정해서 무조건 가지고 있어야 합니다. 물론 그런 약품은 비상시에만 뜯지요. 병원 사람들...자기네하고 이해관계가 없으면 절대 그런 약 쓰지 않습니다. 그냥 봐주지는 않아요. 그러니까 나 같은 사람은 병원에 들어서면서 4호 창고 약 뜯으라고 큰 소리를 치는 겁니다.

윤진덕·윤세평·박승극은 "병원이라는 게 있으나마나" 할 정도라고 말했다. 병원에 간다고 해도 정확한 진단을 받기도 어렵고 치료를 제대로 하는 것도 아니라서 사람들이 대체로 잘 안 간다고 했다.

회령 안에 병원은 시 병원 하나 밖에 없어요. 각 동마다 진료소는 있습니다. 강안동에도 진료소는 있어요. 그렇지만 진료소는 그냥 주사나 놔주는 곳입니다. 주사를 맞으려고 해도 주사제는 자기가 시장에서 사 가지고 가야 해요. 병이 심해서 환자가 회령시 인민병원에 가려고 하면 진료소에서 의뢰서를 먼저 받아야 합니다.

실제로 병이 나서 아플 때에는 집에서 요양을 하지만 아프지 않더라도 반드시 병원에 가야 하는 경우가 있다고 이들은 말했다. "사회보장 대상자가 아닌데 돈으로 진단서를 사서 사회보장 대상자로 만들려고 할 때에는" 반드시 병원에 가야 한다는 것이었다. 병원에 가서 진단서를 발급받아 제출해야 사회보장 대상자가 될 수 있기 때문이라고 설명했다. 몸이 아프지 않아도 진단서를 사서 사회보장 대상자가 되려고 하는 이유가 무엇인지 질문했더니 "직장이나 조직에 얽매이지 않고 다른 지역으로 장사를 다니려면 이런 방법으로 시간을 받아두어야 한다"고 대답했다. 그렇지만 막상 몸이 아파서 병원에 가면 "신경염이라고 했다가 뭐라고 했다가 사람마다 하기 좋은 소리만 하니까 누구 말이 진짜인지 확신할 수 없는" 상황이라고 이들은 말했다.

5. 인민반 생활과 인민반장

북한사회는 인민반 조직을 통해서 주민들의 일상생활을 통제하는 곳이라고 면담 대상자 20명은 말해 주었다. 최근에는 국경 지역을 중심으로 탈북자가 늘어나고 각종 비법 현상이 나타나니까 점차 한 개 인민반에 속한 가구수를 줄여서 인민반장이 조금 더 쉽게 사람들을 통제할 수 있는 여건을 만들어 주려고 하는 것 같다고 했다.

김현숙은 시간과 장소에 따라 조금씩 다르지만 대체로 한 개 인민반에 30세대-50세대가 속해 있다고 말했다. 그리고 5-6개 인민반을 묶어서 지역장을 두고 그 위에 동사무소가 자리를 잡고 있는 구조라는 것이었다. 1개 인민반 안에는 인민반장과 위생반장, 세대주 반장이 있다. 그리고 5-6세대를 묶어 하나의 조로 구성해 놓는다. 이렇게 조를 구성해 두면 인민반장이 "이것저것 바치라고 포치하거나[80] 어디어디 동원 나오라고 연락할 때" 각 조장을 통해 세대별로 쉽게 알릴 수 있다는 것이었다.

고난의 행군기 들어선 이후 국경지역에서는 인민반장이 "너무 힘들어 하니까" 점차 한 인민반에 속하는 세대수를 줄이는 경향이 나타난다고 했다. 2010년을 기준으로 말한다면 한 개 인민반 30세대 중에서 60% 정도는 "비법을 해서 잘 먹고 잘 사는 것이" 회령의 현실이라고 **김현숙**은 지적했다.

김인선은 곡산공장 근처 인민반에서는 "담배를 말아서 판매책에게 넘겨주는" 일을 하는 세대가 많다고 말했다. 구두공장 주변 인민반에서는 집집마다 구두를 만드는 현상이 나타나는가 하면

---

80) 포치라는 단어도 북한주민의 일상생활에 자주 등장한다. 『조선말 대사전(증보판)』 제3권 484쪽을 보면 명사 포치에 대해 "무엇을 벌려놓거나 널어놓는다는 뜻으로 ≪어떤 사업에 앞서 일정한 사람이나 집단 또는 단위들에 분공을 주고 사업의 목적과 의의, 하여야 할 일의 내용, 그 수행방도 등을 알려주어 앞으로 사업이 이루어지도록 짜고 드는 것≫을 이르는 말"이라고 설명해 놓았다.

솜옷이나 바지를 만드는 세대가 많은 인민반도 있다고[81] 했다. 결국 "근처 공장에서 빼돌린 재료로" 집에서 이런저런 물건을 만드는 현상이 만연하다 보니 회령 시내에서는 "어떤 인민반에서는 주로 어떤 물건을 생산하는지 지도로 표시할 수 있을 정도가 되었다." 나름대로 "최신 회령판 산업지도가 만들어지는 중이라고" 누군가 설명해 주었다.

김인선은 자신이 속한 인민반에는 어떤 사람들이 사는지 그 이야기도 들려주었다. 동네에서 컴퓨터라고는 인민반장네 집에 딱 한 대 있었는데 그 집 부부가 이혼하면서 남자가 그 컴퓨터를 들고 가 버렸다고 했다. **김인선**이 속해 있는 인민반 안에는 "구두 수리하는 집을 비롯해서 자전거 수리하는 집, 미용하는 집, 의사 노릇하는 집도" 있어서 나름대로 편리하게 이용할 수 있었다고 말해 주었다.

도대체 의사 노릇한다는 것이 무슨 말인지 물어 보았더니 "의과대학은 나오지 않았다고 하는데 남편은 의사, 부인은 약사 역할을 하면서 집에 오는 환자들을 치료하고 돈을 받는 사람이 있었던" 상황이었다고 설명했다. "어찌나 용하게 치료를 하는지" 사람들이 아플 때 회령시 병원으로 가지 않고 오히려 그 집을 더 찾았을 정도라고 했다. 그 이외에 "텔레비・오토바이・냉장고 수리하는 남자가" 살았는데 돈을 꽤 잘 벌었다고 말했다.

81) 청진에서는 옷을 만들어 파는 것이 활성화되어 있는데 회령은 그 정도는 발달되어 있는 상황은 아니라고 했다.

장영일은 오산덕동에는 세대수가 많은 인민반은 대략 50세대로 구성되어 있었다고 했다. 반면에 세대수가 적은 인민반은 27세대로 구성된 곳도 있었다는 것이다. 회령 시내에서 잘 사는 동네는 대략 40세대-50세대가 한 개 인민반을 구성한다고 **장영일**은 말했다. 이런 동네를 기준으로 말한다면 전체 가구의 30-40%는 "전화 다 놓고 컴퓨터도 한 대 가져다 두자고" 한다는 것이었다. "팬티엄 4 놓은 집은 별로 없고 주로 팬티엄 3이나 2를 많이 놓지만" 그래도 컴퓨터를 놓자고 하는 것이 최근 몇 년 사이에 일어나는 추세라고 말했다.

최옥란은 인민반에서 하는 일이 정말 많다고 했다. 우선 각자 "제 집 앞 청소도 해야 하지만 기본 큰 도로에서 동네 입구로 이어지는 길도 다 청소해야 하는데" 이런 것이 다 인민반에서 하는 일이라고 말해 주었다. "여기는 도로청소하는 사람이 따로 있지만" 북한의 도로관리소 사람들은 "청소 같은 것은 하지 않는다." 그래서 인민반에서는 각 세대별로 한 사람씩 "아침에 눈뜨면 도로청소하러 나가야" 된다는 것이었다. 뿐만 아니라 도로가 망가지면 고치는 일도 전부 "인민반장이 사람들 동원해서" 처리해야 한다. 최근에는 사람들이 말을 안 듣는 경우가 많지만 "그래도 아직도 청소 같은 것은 무조건 해야 한다고" 받아들이는 실정이라고 말했다.

그 이외에도 인민반장이 해야 하는 일은 많고도 많다. "나무심기도 하고 모내기철에 동원도 데리고 가야 하고 여맹조직하고 조직생활도 해야 하고 학습도 해야 하고 걸레도 만들어서 바쳐야 하고[82] 방석이나 장갑 내라고 하면 그것도 만들어 바쳐야 하고 온갖 종류의 사소한 세 부담을 모두 감당해야" 하는데 그 때마다 인민반장이 집집마다 다니면서 전부 거두어들이는 일을 해야 한다. 북한당국이 말로는 이미 1960년대 당시부터 이런 세 부담을 없애겠다고 했지만 "나라가 궁하니까 이런 세 부담을 다 없앨 수 없을 것이라는" 의견이 많았다.

그러니 "날이면 날마다 뭘 바쳐야 하는" 개인도 "죽을 지경이라고" 이들은 말했다. 어디서 원료를 주는 것도 아니면서 걸레나 방석, 장갑을 만들어 내라고 하니까 집에 있는 헌 옷을 몽땅 뜯어서 재봉틀로 박아 내놓는 사람이 많다고 했다. 심지어 "철도 방망이까지 만들어 내다보니" 집에 헌 옷이 남아나지 않고 나중에는 식구들 입을 것도 없을 지경이 된다는 것이었다. 도대체 철도 방망이는 무엇인지 질문했더니 "철도 바퀴를 닦는" 기름걸레 같은 것이라고 이들이 대답했다.

김인선은 회령 시내에 음식거리 만든다고 계속 동원에 시달렸던 경험을 들려주었다. 장마당에 나가서 장사를 해야 하루 먹을 것을 벌 수 있는데 김정일이 오는 시기에 맞춰서 회령 시내에

82) 북한이탈주민을 면담하는 과정에서 이들의 언어 습관에 주목하게 되는 일은 여러 번 있었다. "바친다" 하는 표현도 이런 경우에 해당한다. 이들은 수시로 바친다는 표현을 사용했다. 과제를 해서 바치고 서류를 작성해서 바치고 어떤 물건을 완성해서 바친다는 것이다. 이와 같은 언어 습관으로 미루어 볼 때 북한사회는 일반주민의 사회적 지위가 그다지 높지 않은 곳이라고 짐작할 수 있겠다.

음식거리를 새로 조성한다고 매일 사람들을 동원했다는 것이었다. 이렇게 사람들을 동원하려 할 때 인민반장은 아주 중요한 역할을 한다.

> 날이면 날마다 인민반장이 와요. 퇴비 한 톤, 모래 500 킬로그람 바쳐야 한다고 과업을 줍니다. 인민반장이 이렇게 포치하면 무조건 갖다 바쳐야 합니다. 그거 못하면 돈 내라고 계속 문을 두드린단 말이예요. 만약에 그거 안하려고 하면 하루에 돈 3000원씩 내라고 해요. 신화폐로 3000원씩... 그게 대단하거든요. 그러니까 할 수 없이 하지요. 그게 끝이 없어요. 또 새벽에 계속 문을 두드려요. 도로 고쳐라, 청소 나와라, 뭐 바쳐라 하면서.... 도대체 새벽에 늦잠을 잘 수가 없어요. 매일 동원하니까....

이런 역할을 맡아서 하다 보니 동네에서 인민반장을 좋아하는 사람은 찾아보기 어렵다고 했다. 어쩌다 마음이 고운 인민반장도 있기는 하겠지만 그런 경우에는 사람들이 잘 따라주지 않아서 호되게 고생하면서 혼자 그 많은 일을 감당해야 한다는 것이었다. 인민반장이 하라고 하는 것을 하지 않으면 어떻게 되는지 질문했더니 **김현숙**은 아래와 같이 대답해 주었다.

> 만약에 하라는 것을 안 하면 계속 못 살게 굴다가 나중에는 압이 가해져요. 날이면 날마다 회의에서 비판무대에 내세우기도 하고 아주 귀찮고 복잡하게 만들어요. '방침인데 왜 하지 않느냐' 하고 탄압을 하죠. 그러니까 방침이라고 하면 무조건 해야 하는 거예요.

그렇게 인민반장이 해야 하는 일이 많고 힘들다면 아무도 하지 않으려 하겠다고 했더니 반드시 그런 것은 아니라는 대답이 돌아왔다. 인민반장을 하다 보면 그 많은 포치가 떨어지는 와중에 자기네 집은 모든 품목을 다 낼 필요는 없다는 사실이 장점 중의 장점이라는 것이 **김현숙**의 주장이었다. 반장 나름대로 재량권을 발휘할 부분이 그만큼 많다는 것이다. 누구네 집에는 조금 더 많이 내라고 포치하고 다른 집에서는 덜 걷어 들이는 것도 가능하고 동원에 나갈 수 없는 형편인 사람이 돈을 내면 그 중의 일부를 따로 구분해서 챙기는 일도 반장의 재량으로 충분히 조정할 수 있다. 특히 평양 시내 인민반장은 마음에 들지 않는 사람을 지방으로 추방시키는데 한 몫을 할 정도로 권한을 행사하는 경우도 있다고 알려주었다.

회령 시내와 비교해 보면 농촌 지역은 오히려 "인민반 생활이 헐한 편이라고" 말하는 사람이 많았다. 농촌에서는 "기껏해야 교원하고 안전원, 보위원 등 몇 사람 빼고 나면" 전부 다 학생이거나 농장원이기 때문에 사실상 인민반 생활을 할 사람이 많지 않은 실정이니 "위에서도 무슨 사업을 포치하지 않는다는" 것이었다. 시내에서는 남편이 직장에 다니는데 "그 집 여자는 부양으로 놀면서[83] 여맹 생활을 하는" 경우도 많으니까 인민반에서 동원할

83) 결혼한 여성이 집에서 부양으로 논다는 말은 북한에서 식량배급제도와 관련이 있는 표현이다. 배우자가 있는 기혼여성이라도 직장에 다니면 일반노동자 몫의 식량배급 분량인 1일 700그람을 자신의 직장을 통해 받는다. 그리고 이들은 직업 유형에 따라 조선직업총동맹이나 조선농업근로자동맹 소속으로 조직생활을 한다. 반면

사람이 많지만 농촌에는 동원 대상도 별로 없는 상황이라는 것이었다. 그러다 보니 농촌에서 인민반 동원 대상이 되는 사람은 주로 노인들 밖에 없다고 했다.

게다가 농촌 마을은 대부분 "도로가 기본 흙도로 상태인 만큼 크게 청소할 것도 없고 그 상태에서 망가진다고 해봤자 그저 눈가림이나 살짝 하고 제 집 앞이나 쓸면 되는 상황이니까" 동원을 그다지 강하게 하지 않는다고 했다. 그러니까 시내와 달리 농촌에서는 그럭저럭 편하게 지낼 수 있는 실정이라는 것이었다. 결국 인민반 생활은 농촌보다 시내 중심에 사는 사람이 훨씬 부담이 크다는 것이 면담 대상자 20명이 공통적으로 지적해 준 결론이었다.

6. 남녀관계 · 결혼과 이혼

1946년 7월 30일, 북조선임시인민위원회 결정 제45호로 "북조선 남녀평등권에 관한 법령"이 나왔다.[84] 서문과 총 9조로 이루어진 이 법령을 살펴보면 "국가 경제 · 문화 · 사회 · 정치적 생활의 모든 영역에 있어서 녀성들은 남자와 같은 평등권을 가진다" 하고

에 이른바 "가두녀성"으로 부르는 전업주부 몫의 식량은 세대주인 남편의 직장을 통해 1일 300그람의 부양가족 분량을 배급받도록 되어 있었다. 그리고 인민반을 중심으로 조선민주녀성동맹 소속으로 조직생활을 해야 한다.

84) "북조선 남녀평등권에 관한 법령"과 "북조선 남녀평등권에 관한 법령시행세칙" 전문은 법원행정처 (1998), 『북한의 가족법』 pp.381-386 부분에 나와 있다.

규정해 놓았다. 또한 이혼한 여성이 전(前)남편을 대상으로 아동 양육비를 요구할 소송권이 있다는 점을 명시적으로 밝혀 두었다.

같은 해 9월 14일, 북조선임시인민위원회 결정 제78호로 "북조선 남녀평등권에 관한 법령시행세칙"도 나왔다. 총 29조로 이루어진 세칙에서는 "봉건적 유습인 남존녀비사상에서 나온 녀성에 대한 학대, 폭행, 일체의 차별적 대우를 금지한다" 하고 규정해 놓았다. 또한 부부별산제를 인정하면서 결혼 전 아내의 재산은 아내의 소유에 속한다고 밝혀 두었다. 여성이 이혼을 할 경우에는 전(前)남편을 상대로 "결혼 중 공동소유에 대한 재산의 분배와 북조선토지개혁법령에 의하여 자기의 분(分)으로 분여받은 토지의 분배를 청구할 수 있다고" 규정해 두기도 했다.

오늘날 북한당국은 해마다 "력사적인 남녀평등권 법령 발포 기념 중앙보고회"를 진행한다.[85] 그리고 "일찌기 1946년에 김일성 수령님이 남녀평등을 실현해" 주었다고 강조해 왔다. 북한주민이라면 누구나 남녀평등권 법령에 대해 잘 알고 있어야 하는 상황이다. 이야기를 나누는 과정에서 북한이 남녀평등 사회인지 질문하면 면담 대상자 20명은 대부분 "그렇다" 하고 대답해 주었다. 북한에 사는 동안 "남녀평등 사회라는 사실에 대해 별로 의문을 품어 본 일이 없었고 당연히 남녀가 평등한 사회로 생각했다" 하는 것이 이들의 특징이었다.

---

85) 매해 「로동신문」 7월 30일자 기사를 검색해 보면 남녀평등권 법령 관련 보고회 소식이 나오는 것을 확인할 수 있다.

그런데 막상 이들과 이야기를 나누다 보면 철저하게 남성 위주의 사고방식을 지닌 사람들이 많다는 점을 발견하게 된다. 아들을 낳으면 묘주가 태어났다고 반기는 반면 딸의 출생은 별로 환영받지 못하는 경우가 많다고 했다. 남녀평등의 구호를 외치면서도 그래도 여자는 여자이고 남자는 남자이니 남자를 잘 모셔야 한다는 주장을 펼치는 사람도 있었다. 이들의 이야기를 더 들어보기로 하겠다.

김현숙은 북한사회가 대체로 남자를 우대하는 경향이 있다고 말했다. 여자가 이혼을 제기해도 남자가 동의하지 않으면 법적으로 승인이 떨어지지 않는 경우가 많다는 것이 그녀의 의견이었다. 반대로 남자가 이혼을 제기하면 여자가 원하지 않아도 쉽게 이혼 승인을 내주는 것이 북한의 현실이라고[86] **김현숙**은 말한다. 2005년을 기준으로 그 이후에는 회령 시내에서 "이혼을 제기했는데 법적으로 승인을 받지 못하게 되니까 중국으로 뛴 여자들이 많았다." 이혼을 하고 싶은데 하지 못하게 되니까 탈북하는 여자들 숫자도 꽤 많이 늘어났다고 **김현숙**이 설명했다.

남자와 여자에게 다른 기준을 적용하는 것은 직업을 평가할 때에도 그대로 적용이 된다. 직업에 따라 남자가 해도 좋은 일이 있고 남자들 직업으로는 천하게 여기는 일도 있다고 했다. 예를

86) 북한당국은 이미 1950년대 중반에 합의이혼제도를 폐지하고 재판이혼만 남겨 두었다. 따라서 북한에서 "혼인등록을 한 부부가 이혼을 하려면 반드시 재판을 거쳐야" 하는 것이다.

들어 접대원이라는 직업은 여자가 하면 좋지만 남자가 그런 일을 한다면 천하게 본다는 것이 **김현숙**의 의견이었다. 그런가 하면 시장에서 장사를 하는 것도 여성들 영역이라 남성은 별로 없다고 말했다. "불구자라면 모르겠지만 불구도 아닌 성성한 남자가 시장에 나가 앉은장사를 한다면 천한 일을 한다고" 생각하는 사람이 많다는 것이었다. 그렇지만 남자가 "남의 눈에 잘 드러나지 않는 방법으로 장사를 해서 뭉텅이 돈을 벌어들이면" 오히려 능력을 갖춘 것으로 생각한다고 했다.

김인선은 직장이나 학교에서 남자가 여자를 대상으로 성희롱에 가까운 말을 하는 일이 다반사라고 말했다. 그런데 이런 일을 문제 삼으려는 여자도 없고 별로 나쁘게 생각하지도 않는다는 것이 그녀의 의견이었다. 이런 일을 당하면 오히려 여자가 맞장구를 치면서 분위기를 맞춰야 하는 것이 일반적인 분위기라고 말했다.

여자가 화를 내거나 문제를 삼으려고 하면 "더 놀리거나 못살게 군다는" 것이다. 그러니까 여자들도 나중을 생각해서 그냥 웃고 넘기는 경우가 많지만 가끔 자신도 즐기는 사람도 있는 것 같다고 **김인선**은 말했다. 도대체 그런 말을 하는 것을 나쁘게 생각하지 않는 이유가 무엇인지 질문했더니 김인선은 "북한에서는 사실 그런 문제 말고 서로 마음을 터놓고 토론할 일이 없는" 상황이라고 대답해 주었다.

일반적으로 북한사회는 남녀관계에 엄격할 것 같은 인상이 강한데 젊은 남녀가 사귀는 일이 많으냐고 질문했더니 "북한도 사람 사는 세상인데 다 거기서 거기라는" 대답이 돌아왔다. **황정연**은 자신이 군대생활을 하면서 여성 고사총 부대에 근무했는데 사촌오빠 덕분에 편안하게 지냈다는 이야기를 들려주었다. 자신의 사촌오빠를 한 번 본 여성 중대장이 "더 자라고 하면서" 보초근무까지 대신 서 줄 정도로 살갑게 굴었다는 것이었다.

김인선은 회령 시내에서 동상 주변에 가면 남녀가 만나서 "서로 껴안고 있는" 장면을 많이 볼 수 있다고 했다. 단속하는 사람들도 동상 정면 앞에서 남녀가 만나 이상한 짓을 하면 큰 문제로 삼지만 그 주변의 후미진 곳에서는 무슨 일을 벌이든지 별로 상관하지 않는다는 것이었다.

7. 식당 · 목욕탕 · 숙박업소

1) 식당과 목욕탕

회령 내에서 좋은 식당이 어딘지 물어보면 면담 대상자 20명의 대답이 엇갈리게 나온다. 당연히 회령호텔이 최고의 식사를 할 수 있는 곳이라고 대답하는 사람이 있는가 하면 초옥이・초순이 형제가 하는 초옥이네 식당이나 한순녀가 운영하는 개장국집이 가장 좋다고 대답하는 사람도 많았다.

음식 가격이 얼마인지 질문해 보면 사람마다 편차가 큰 대답이 돌아온다. 이들이 기억하는 음식 가격이 서로 다른 것은 각자의 경험세계가 그만큼 다르다는 의미가 아닌가 싶다. 아마도 각자의 탈북 시점과 북한에 있을 때 무슨 일을 하면서 돈을 얼마나 벌었는가 하는 점에 따라 기억은 다채롭게 남아 있는 것 같았다. 이 사람들이 들려주는 이야기를 그대로 정리해 보기로 하겠다.

김안전은 2000년 이후 회령 시내 음식점에서 불고기를 파는 것이 유행처럼 번져 나갔다고 말했다. 초옥이네 식당이 유명했는데 나이 많은 할머니가 하는 집으로 "법 기관에도 소문이 날 정도로 유명했다" 하고 알려주었다. 그 이외에 다른 식당도 있었는데 역전 옆 양정사업소 식당도 유명했다고 그는 말한다. 양정사업소 식당은 메뉴가 다양해서 불고기 말고도 회, 만두, 냉면을 먹을 수 있는 곳이라고 했다.

음식값은 식당마다 다르지만 4명이 가서 불고기 시키고 술까지 먹으면 200-300원 정도 나왔던 것으로 **김안전**은 기억했다. 그 시절에는 한 번 식사를 하면서 500원을 쓴다면 많이 쓴 것이라고 했다. 술은 마시지 않고 식사만 하면 50원 정도 쓰면 충분할 것이고 간단하게 돼지고기 몇 점 들어간 국과 밥을 먹을 경우에는 그보다 훨씬 "눅은 값으로" 20원-30원이면 해결할 수 있었다고 그는 말했다.

정혜봉은 회령 시내에서 남문여관 내 불고기집, 회령 국수집, 탁아 유치원 밑에 있는 토장국집, 한순녀가 운영하는 개장국집,

초옥이·초순이 형제가 하는 초옥이네 식당 등이 손님이 많고 잘 되는 곳이라고 말해 주었다. 한순녀네 개장국집이나 초옥이네 식당 같은 곳은 회령 사람이라면 직접 가보지 못했어도 이름은 다 들어봤을 것이라고 **정혜봉**은 말했다.

한순녀는 회령 시내에서 몸무게가 제일 많이 나가는 여자라고 했다. 이 사람은 동명동을 비롯하여 10군데에서 개장국집을 운영하느라 회령 시내에서 잘 알려진 인물이라는 것이다. 그 식당은 모두 점심·저녁 식사 시간에는 10군데 식당에 사람들이 다 들어찰 정도로 장사가 잘 되는 것으로 알려져 있었다. 10군데 식당마다 한증탕을 만들어 놓고 시설도 깨끗하게 잘 꾸려 놓았다고 했다.

이 식당에 가서 "밥 먹고 목욕탕 들어가서 마약 한 번 하고 땀을 쭉 내면 오늘 제대로 잘 놀았다" 하는 소리를 듣는다는 것이 **정혜봉**의 의견이었다. 그러니까 "법 기관에 있는 사람이나 특별히 대접할만한 간부가 오면" 이런 식당을 찾는다고 했다.

> 목욕하면 1,500원 들고 불고기로 식사해 봤자 2,000원 이상 들지는 않고 한 번 가면 5,000원 정도 쓰면 됩니다. 중국 돈으로 30원 가지고 가면 잘 쓰고 와요. 북한 돈으로 10,000원 정도...나한테는 별로 큰 돈이 아닌데 다른 사람에게는 큰 돈이지요.

회령 시내 사람 중에서 한순녀네 개장국집이나 초옥이네 식당에 한 번이라도 가 본 사람은 10%도 안 될 것이라고 **정혜봉**은 말한다. 그 반면에 일주일에 2-3회 이상 드나드는 사람은 몇 백 명 수준이라는 것이었다. 그런데 식당을 운영하는 한순녀나 초옥이·초순이 형제는 "공짜 손님이 많아서" 힘들다고 자주 하소연했다고 한다.

> 음식점 이용하는 사람이 뻔해서 가면 늘 만나는 사람을 만나요. 사람이 고정되어 있습니다. 식당 손님 중에서 20% 정도는 법관들...안전원이나 보위원인데 이 사람들은 와서 돈을 내지 않고 먹어요. 이런 사람들이 와서 음식을 달라고 하면 줘야 합니다.

김인선은 회령 시내에서 개인 음식점이 "확 퍼져 나갔던" 시기는 2000년-2008년 사이였던 것으로 기억하고 있었다. 단고기 개장국집도 유명하고 회령시 병원 외과과장 부인도 집에서 불고기 식당을 꾸렸다고 했다.

그런데 2008년 이후로 음식점 단속을 심하게 해서 그만 둔 사람이 많다고 **김인선**은 말했다. 단속도 심하지만 "군대나 법 기관에서 외상으로 음식을 먹고 간 뒤에 제대로 돈을 주지 않아서" 손해를 보다가 견디지 못하고 때려치운 사람도 많다고 말해 주었다. 개인 음식점을 하면서 "불려 다니고 비판도 당하고 욕을 먹고 하는 일이 많으니까" 차라리 그만 두는 것이 낫겠다 싶어서 "때려치우고 만다고" 했다.

2) 은덕원

이렇게 개인이 운영하는 음식점 말고 회령 시내에는 은덕원이 있다고 여러 사람이 말해 주었다. 은덕원은 2003년-2004년에 개관을 했다고 말하는 사람이 있었다. 이와 달리 어떤 사람은 “한 2년 정도 공사를 했는데” 2005년-2006년에 문을 열었던 것으로 기억한다고 말해 주었다. 이들이 어떤 이유로 다른 시기를 기억하고 있는지 정확하게 분석할 수 없었던 점이 아쉬울 따름이다.

정혜봉・김인선은 은덕원이 어디 있는지 설명해 주었다. **정혜봉**의 설명에 따르면 은덕원은 남문여관 근처 곡산공장 나가는 버스 정류소 사진관 앞에 잘 지어 놓았다고 했다. 원래 시 당 맞은편에 회령역을 옮기고 그 앞에 짓겠다고 설계를 했었는데 돈이 없어서 계획대로 하지 못하고 국수집 아래 땅집을 50세대 정도 밀어버리고 은덕원 건물을 세웠다는 것이 **정혜봉**의 설명이었다. 은덕원 건물을 세울 때 주변에 살림집이 있던 것을 다 철거했다는 이야기는 **김정신**도 들려주었다.

은덕원 안에 들어가면 사우나도 있고 탁구장과 당구장을 다 갖추어 놓았다고 했다. 그런데 갑자기 “위에서 당구를 치지 말라” 해서 은덕원에서는 당구를 치지 못하게 되었다는 것이다. 당구를 치려면 회령호텔에 가야 한다고 **정혜봉**은 말했다.

김인선은 옛날 은덕원 자리는 사회급양 사무실로 바뀌고 동상 근처에 새로 은덕원을 지어서 시 당에서 관할하고 있다고 설명해 주었다. 은덕원에 들어가면 전기 히터를 켜 놓고 한증하는 곳이 있다고 했다. 목욕을 하다가 정전이 되면 차가운 물이 나오는 경우도 있는데 그래도 환불해 주지는 않았다고 **김인선**은 기억했다. 일요일이 되면 목욕하러 은덕원에 가는 사람이 많았다고 했다.

> 시내에서는 보통 목욕하러 일주일에 한 번 가거나 보름에 한 번 가는 사람이 많아요. 북한에서는 목욕을 하거나 머리 감는 것을 평균 일주일에 한 번 정도 하는 것이 좋다고 생각해요. 너무 자주 씻으면 기름기가 빠진다고....여름에는 강에 나가서 벗고 씻는 사람이 많아요.

은덕원 이외에 철도기관차대 목욕탕에도 한증탕을 만들어 두었던 것으로 **김인선**은 기억했다. 철도기관차대 목욕탕은 철도에 근무하는 사람은 공짜로 이용하게 되어 있었는데 석탄이 없어지면서 개인 투자를 받아서 한 사람 당 2,000원-2,500원 정도 돈을 받고 운영했다고 그녀는 말했다.

그 이외에 회령 시내에서 잘 알려진 목욕탕을 꼽으라면 대체로 깡다라는 별칭으로 부르던 화교 이내복이 역전 국수집을 운영하면서 그 뒤에 만들어 둔 한증탕을 들 수 있을 것이라고 **김인선**은 말해 주었다. 그런데 “법 기관에서 없애라고 해서 걷어 치웠다는” 것이다. **김인선**은 법 기관에서 목욕탕을 자주 검열하는 이유는 한증탕에서 빙두를 많이 하기 때문이라고 설명해 주었다.

보통 목욕탕에 가면 한 칸에 한 사람씩 들어가는 개인탕도 있고 부부가 함께 들어가는 부부탕도 마련해 두는 것이 일반적이라고 했다. 남녀 두 사람이 가서 진짜 부부라는 사실을 확인해 주면 부부탕에 들어갈 수 있게 허용한다는 것이었다.

3) 숙박업소

정혜봉은 회령 시내에 있는 공식적인 숙박업소를 꼽아 보라면 회령호텔과 남문여관, 오산여관 등이 있다고 말해 주었다. 한편 **최성이**는 남문여관이 일반인 출장자가 숙박하는 장소인 반면에 중앙당이나 도 당에서 내려오는 고위직 간부는 “간판도 없이 운영하는” 회령여관에 머무르는 일이 많다고 설명했다. **김인선**은 회령에 철도성여관도 있는데 이런 곳은 “기본적으로 자기네 직원만 재우거나 신분이 좋은 사람만 골라서 숙박하게” 한다고 했다.

그렇지만 회령역 근처에는 일반 가정집에서 숙박업을 하는 경우가 많다고 했다. 개인 숙박집이 처음 회령에 생겨난 것은 미공급 시기의 일인데 철도국이 옮겨 오면서[87] 확 퍼졌다는 것이 **김인선**의 의견이었다. 특히 “홍콩시장 옆 양정사업소를 철거하고 그 자리에 아파트와 사무실, 살림집을 건설할 때” 그 주변에는 개인 숙박집이 많았다고 했다.

---

87) 이 사람 의견에 따르면 청진 철도국·삼봉 철도국·온성 철도국이 회령으로 오면서 철도국 직원들이 주변의 개인 숙박집에 기거하는 경우가 많았다고 했다.

보통 방이 두 칸 있는 집에서 개인 숙박집을 운영하는 경우에는 한 방에서 자기네 식구들이 자고 다른 방에 숙박객을 같이 재운다. 물론 개인 숙박집도 사용요금에 따라 시설이 제각각이다. 그래도 화폐개혁 하기 전 시세를 기준으로 하루 사용요금이 북한 돈 300원 정도 하는 경우가 많은 것 같다고 했다. 어떤 집은 한 시간 당 북한 돈 50원 정도 받고 "사람들 다 섞여 있는 방에서 베개 하나 주고 같이 자라고" 한다는 것이었다. 이런 집은 숙박업소라고 해도 "물도 안 나오고 전기도 없고 해서 어지럽다는 것이" **정혜봉**의 의견이었다.

8. 회령시 당 책임비서 변천사

북한사회에서는 도・시・군 단위의 지방 당 책임비서가 해당 지역 주민들의 일상생활에 밀접한 영향을 주는 인물로 꼽힌다. 책임비서가 주동적으로 나서서 무슨 일을 벌이겠다고 하면 그 지역 주민들은 "울며 겨자먹기로" 따라 하지 않을 수 없는 것이 일반적인 현실이다. 그런 점에서 회령 사람들 역시 박영철에서 장영철로, 장영철에서 림옥봉으로, 다시 허영규로 시 당 책임비서가 바뀌는 과정에서 여러 가지 변화를 겪을 수밖에 없었다고 했다.

정혜봉은 1990년대 들어 회령시 당 책임비서를 했던 림옥봉 이야기를 들려주었다. 림옥봉 이전에는 박영철과 장영철이 회령시 당 책임비서를 했었고 림옥봉이 10년 정도 자리를 유지하고 있다가 허영규가 그 뒤를 이었다고 했다. 림옥봉은 "무슨 결함이 나타났는지 비사회주의 그루빠 내려 왔을 때" 문책을 받아 화대군 책임비서로 "떨궈졌다가" 그나마 일 년 지난 뒤에는 청진시 어느 구역 인민위원회 초급 당 비서로 "미끄러져" 내려갔다.

예전에 회령시 당 책임비서를 했던 박영철은 일을 크게 벌이지 않아서 오랫동안 무난하게 그 자리에 있었던 사람이라는 평이 많았다. 그 반면에 박영철의 뒤를 이어 책임비서 자리에 올랐던 장영철은 당시 단층이었던 시 당 청사를 4층 건물 2개를 이어붙인 구조로 "번듯하게" 지어 놓았는데 결국 그 일 때문에 재봉기 공장 초급당 비서로 좌천되어 떨어졌다. 1980년대 후반 당시 회령시 안전부 정치부장 위치에서 현재의 인민보안서 청사를 짓는 일을 주도했던 박 모 역시 그 건물을 완공하고 난 뒤 좌천된 일이 있었다.

누군가 주도적으로 나서서 건물을 짓고 난 뒤 그 자리에서 좌천당하는 일이 자주 일어나는 이유는 기본적으로 "중앙에서 아무 것도 주지 않고" 일을 하도록 촉구하기 때문이라고 **최성이**는 설명했다. 이렇게 "아무 것도 주지 않은" 상태에서 성과를 내도록 요구하는 방식에 대해 면담 대상자 대다수는 할 수 없는 일로 인식을 하면서도 지치고 힘들다는 표현을 쏟아 놓았다. 면담 과정에서 "기계도 기름을 칠하면서 일을 시켜야 하는데" 사람에게 주는 것도 없이 성과를 올리라고 촉구하는 것이 북한사회라는 불만을 털어 놓은 사람이 많았다.

어쨌거나 박영철의 뒤를 이어 회령시 당 책임비서 자리에 오른 장영철은 그 자리에서 4년 정도 지내다가 지방기업에 불과한 재봉기 공장 초급당 비서로 떨어졌다. 장영철은 재봉기 공장에서 자신의 명예를 회복하기 위하여 혼신의 힘을 쏟아 일을 했던 것 같다. 각종 창안도 많이 했고 공장을 위해서 여러 가지 아이디어도 계속 내놓았다고 한다. 그렇지만 얼마 지나지 않아 그만 세상을 떠나고 말았다. 주변 사람들은 장영철이 아마도 홧병으로 세상을 떠났을 것이라고 한동안 말이 많았다고 했다.

장영철의 뒤를 이어 시 당 책임비서 자리에 오른 림옥봉은 일을 많이 벌이는 사람이라는 평가를 받았다. 원래 이 사람처럼 이것저것 일을 벌이다 보면 금방 책임비서가 바뀌는 일이 생기게 된다고 **라은향**과 **정혜봉, 최성이**는 주장했다. 그래도 "림옥봉은 워낙 도 간부부 출신이고 중앙 간부부 사람들도 다 알고 있었으니까" 회령에서 10년이나 버틸 수 있었을 것이라고 이들은 분석했다.

림옥봉이 시 당 책임비서 자리에 있던 시기에는 시 당과 시 인민위원회를 통합해서 운영했었다. 사실상 당 기관인 시 당과 지방주권기관인 시 인민위원회는 평소에 서로 알력이 많은 편이다. 그 당시 두 기관을 통합 운영했던 것도 아마 이런 방식을 통해 갈등을 없애려 하려는 시도가 아니었을까 하는 의견이 많았다. 어쨌거나 림옥봉은 한동안 시 당 책임비서와 시 인민위원회 위원장 직위를 겸임했던 인물이었다.

당시 회령시 차원에서 행사가 열릴 때마다 "회령시 당 책임비서 겸 회령시 인민위원회 위원장 림옥봉 동지의 연설을" 듣겠다고 선언했던 장면을 떠올리는 사람이 면담 대상자 중에 포함되어 있었다. 이렇게 한동안 두 개의 직위를 한 사람이 겸임하다가 곧 다시 두 개의 기관을 분리하는 일이 있었다. 그리고 시 당 책임비서와 시 인민위원회 위원장 직위도 각각 다른 사람이 맡아서 하는 시기로 돌아갔다.

림옥봉은 아이가 없어서 아들을 하나 데려다 길렀다. 책임비서와 가까운 사람이나 그 사실을 아는 정도였을 뿐, 이런 소문이 널리 퍼져 있었던 것은 아니었다. 그 아들이 유독 허약했는데 군대에 내보냈고 아들이 군대에 가 있는 동안 아버지가 화대군 당 책임비서로 밀려나는 일이 벌어졌다.

사실 함경북도에서 회령만큼 "먹을 알이 있는 곳도 많지 않아서" 회령시 당 책임비서는 좋은 자리로 꼽힌다. 게다가 회령은 농촌 지역과 달라 책임비서 자리에서 한 사람이 오래 버틸 수 있는 곳이 아니라고 **정혜봉**과 **최성이**는 지적했다. 원래 북한에서는 지역의 실질적인 권력자인 당 책임비서에 오른 사람을 자주 바꾸지 않는 편이라고 두 사람은 지적했다. 아무래도 대중연설을 해야 하는 책임비서를 자주 바꾸다 보면 민심의 동요가 일어날까 하는 점을 우려하기 때문이라는 것이었다.

그래서 새별군[88] 당 책임비서 석길호 같은 사람은 20년 넘게 그 자리를 지키고 있다고 했다. 다만 석길호가 새별군에서 당 책임비서를 오래 하면서 “마음대로 해 먹을 수 있었던 것은” 새별이 회령과 달리 “농업군이기 때문에” 그렇다고 두 사람은 분석해 주었다. “농민들이야 들고 일어나 봤자 책임비서한테 크게 장애가 될 일은 없지만” 회령은 새별과 다르다는 것이 두 사람의 의견이었다.

88) 북한당국은 최근에 행정구역을 개편하면서 함경북도 새별군의 이름을 경원군으로 바꿨다. 새별군이라는 이름을 대신하여 예전에 사용하던 경원군으로 그 명칭을 되돌려 놓은 것이다. 그렇지만 면담 대상자 20명은 경원 대신 새별이라는 명칭을 사용하고 있었다. 이 책에서는 이야기를 들려주는 사람들이 사용하는 표현을 그대로 받아 적어 넣었다.

제5장

회령 연구의 의미

1. 회령 연구의 의미
2. 후속 연구의 꿈

제5장. 회령 연구의 의미

이제 책 쓰기 작업을 마무리할 시점에 이르렀다. 가만히 앉아 도대체 언제부터 회령이 내 마음 속에 들어와 자리를 잡았는지 다시 생각해 보았다. 2010년 여름, 안드레이 란코프 교수가 회령이라는 도시를 같이 연구해 보자고 제안해 왔다. 그 자리에는 몇 사람이 같이 자리를 하고 있었다.

그로부터 2년 반이라는 시간이 흘렀다. 그 사이에 북한이탈주민 71명이 직접 겪고 견뎌야 했던 시간 속에 숨어 있는 이야기를 들려주었고 나는 그 이야기를 하나도 놓치지 않고 들으려고 최선을 다해 기록했다. 71명의 면담 대상자가 들려주는 이야기 속에 무슨 의미가 숨어 있는지 찾아보려고 이리저리 생각하고 또 생각했었다.

그리고 이제 회령을 잠시 스치듯 지나간 사람을 제외하고 그곳에서 태어났거나 어린 시절에 이사해서 학교를 다니고 직장 배치를 받고 결혼하고 아이를 낳으며 살았던 이야기를 들려 줄 20명을 선정하여 이들의 이야기를 먼저 정리하여 작은 책으로 만들어 내려는 단계에 와 있다. 20명의 회령 출신 북한이탈주민은 적어도 그 도시에서 20년 이상 살았던 기억을 들려주었다.

북한이탈주민 20명이 들려주는 이야기를 기록하고 정리하면서 숨은 의미의 구조를 찾는 작업은 마치 한없이 펼쳐진 하얀 모래밭 깊숙한 곳에 몰래 숨어 있는 까만색 모래 몇 알을 찾아내는 과정과 같았다. 늘 힘들었고 아무 것도 찾아내지 못한 채 끝날 것 같은 절망감이 엄습해 왔다. 주변 동료들이 "회령 사람 다 되었다" 하는 말을 들려줄 때마다 민망하게도 그동안 놓치고 있던 부분이 새삼 선명하게 떠올라 스스로 아직 멀었다는 평가에서 벗어나지 못하게 발목을 잡았었다.

이제야 겨우 작은 책 한 권을 내놓았을 뿐이다. 아직 하고 싶은 이야기도 많고 해야 할 이야기도 산더미 같이 쌓여 있는데 처음 내놓은 이 책에서는 마땅히 해야 하고 또 간절히 하고 싶은 이야기를 100분의 1도 담아내지 못한 것 같다. 능력의 한계를 새삼 절감할 따름이다.

이제 다시 한 번 회령 연구의 의미를 생각한다. 나에게, 우리 연구진에게, 한국 사회에, 지구촌 모든 사람에게, 그리고 무엇보다도 북녘 땅 회령에 사는 우리의 동포 한 사람, 한 사람에게 2013년 4월 오늘의 시점에서 회령을 연구한다는 것은 무슨 의미를 지니는 일인지 꼭꼭 씹어 소화해 볼 일이다. 글을 쓰는 과정에서 능력의 부족함으로 아직도 아쉬움이 많이 남아 있지만 이제 책을 쓰는 작업을 마무리하면서 나름대로 회령 연구의 의미를 정리해 보았다.

1. 회령 연구의 의미

처음 연구 대상 지역으로 함경북도 회령을 골랐을 때 이 도시는 몇 가지 복합적인 의미를 지닌 채 나에게 다가왔다. 사실상 회령에 관심을 갖기 전, 아주 오래 전부터 나는 안드레이 란코프 교수에게 함경북도 새별군을 대상으로 그 곳 주민들이 무엇을 먹고 어떤 옷을 입으며 누구와 만나면서 앞날을 생각할 때 무슨 꿈을 꾸며 살아가고 있는지, 이들의 일상생활을 마치 현미경처럼 들여다보는 미시적 연구를 꼭 한 번 하고 싶다고 내 꿈을 이야기해 왔었다.

때마침 새별 출신 누군가 주변에 있었고 그 사람의 도움을 받으면 아무래도 쉽사리 그 지역 출신 북한이탈주민과 만나게 될 것이라는 계산도 내 마음 속에서 작용했었다는 점을 부인할 수 없다. 그렇지만 평양을 벗어난 지역에 살면서 별로 특별할 것 없는 생애과정을 경험하는 북한 사람들이 언제, 어느 때, 어떤 방식으로 인생의 통과의례를 거치며 살고 있는지 알고 싶다는 호기심이 더 강하게 나를 움직였다.

그런데 회령이라는 도시가 내 앞에 등장했다. 그리고 나는 회령이 지닌 특성을 여러 각도에서 생각해 보았다. 회령은 내가 오랫동안 꿈을 꾸던 새별 연구를 잠시 미루어 두어도 좋겠다는 결론을 내릴 정도로 매력이 있는 도시로 다가왔다. 연구 대상 지역으로 선정한 회령은 북한의 특성을 잘 드러내면서 너무나 북한 같지 않은 모습으로 특유의 대단한 매력을 발휘해 주었다. 이제 회령이 연구 대상 지역으로서 어떤 매력을 지니고 있는지 다음 네 가지로 정리해 보고자 한다.

1) 회령: 사회주의 기치와 자본주의 황색바람의 충돌

오늘날 북한사회에서 회령은 "사회주의 사상의 위력과 자본주의 황색바람의 영향력이 정면으로 충돌하는" 도시로 그 의미가 큰 지역으로 다가왔다. 북한당국이 회령을 "김정숙 어머님 고향으로" 꾸리는 일은 전혀 놀랍지 않지만 그 곳 출신 북한이탈주민 여러 사람이 설명하기 어려운 "긍지감을" 표현한다는 사실이 나에게 당혹스러운 면이 없지 않았다.

아마도 나는 오늘날 북한당국이 김일성·김정일·김정은으로 이어지는 김씨 가계의 우상화 작업을 해 왔다는 사실과 그 과정에 대해 북한 주민들 모두 본능적인 거부감을 갖고 있을 것이라고 내심 기대를 크게 했었나 보다. 그런데 이들은 김정일의 생모 김정숙을 우상화하는 과정에서 선물담요의 포근함도 느꼈고 러시아제 비싼 시계를 나눠 주는 과정에서 "옆집이 우리집보다 국정가격이 더 높은 물건을 받을까봐 마음 졸이면서" 지냈던 시간도 경험했고 회령시 공민증을 가지고 다른 지역에 쉽게 가는 "특세를 누리며" 뿌듯했던 감정이 고스란히 스며든 세월의 여정을 지나오면서 나름의 복잡한 감정을 키워 왔던 것 같다.

나에게 엄혹하고 암울하게만 보였던 그 세월이 흐르는 동안 20명의 회령 사람은 그 속에서 가족의 사랑을 경험했고 청춘을 불태웠고 가슴 뜨거운 꿈을 꾸는 시간을 보내며 자신의 인생을 채워가는 추억을 만들었던 것이다. 그런 만큼 이들은 그 세월을 평가하면서 복잡하고 미묘한 감정이 만들어 내는 파동을 느끼고 있었다. 이들은 "고향" 회령을 떠올릴 때마다 아직도 그 곳에 자신을 기억해 주는 사람이 살고 있다는 이유만으로 "완전히 고개를 돌리고 외면할 수 없다는 심정이라고" 말해 주었다.

나와 다르게 면담 대상자 20명에게 회령은 단 칼에 싫고 좋음을 구분하고 냉정한 기준으로 선악을 판단한 뒤 한 쪽을 버리겠다고 쉽게 결단을 내릴 수 있는 곳이 아니었다. 20명 모두 회령이 "비록 싫어서 떠나왔어도" 마음에는 여전히 애증의 복합체로 다가와 도저히 떨쳐버릴 수 없는 도시로 남아 있었다. 그래서 이들이 들려주는 이야기를 가감하지 않고 들어보기로 했다.

이 책에서 여러 차례 언급한 바와 같이 회령은 오늘날 북한사회에서 "김정숙 어머님" 고향으로 특별한 의미를 지닌 도시이며 그만큼 다른 지역과 다르게 특별한 지위를 누린다. 지구상 곳곳에서 크리스마스이브를 기념하는 12월 24일, 회령 사람들은 "김정숙 어머님의 탄생일" 축하 행사를 개최한다. "김정숙 어머님" 행적을 기록한 문서와 사진을 전시한 사적관에서 일한다고 하면 비록 그 사람이 맡은 업무가 하찮은 것이라고 해도 "좋은 일 하십니다" 하면서 대접해 주는 것이 일반적인 관행이었다. 회령의 전성기 1982년 당시에는 마침 꺽어지는 해를 맞이하는[89] "김정숙 어머님 탄생일" 맞이 특별선물이 평양에서 직접 내려온 일이 있었다. 당연히 회령 사람들은 "김정숙 어머님" 고향에 산다는 사실에 "긍지감을 느끼게 된다고" 말하는 사람이 많았다.

그렇지만 면담 대상자 20명도 회령 여자들 차림새는 분명히 "사회주의 기치를 높이 받드는 풍조에" 어긋나는 것으로 보인다는 사실에 동의했다. 회령은 "여자들 옷 입고 다닌 모양새부터" 북한 내 다른 지역보다 "화려한 곳이라고" 입을 모았다. 평양이나 청진은 모르겠지만 평소 회령에서 입고 다니던 차림새 그대로 다른 지역에 가면 순식간에 "부르조아 날나리 꼴이라고" 찍혀 비판무대에 오를 것을 단단히 각오해야 한다고 말했다.

회령은 "자본주의 황색바람"이 지나가는 길목에 자리를 잡고 있는 만큼 이 곳에 사는 사람들이 영향을 받지 않는다는 것은 원천적으로 불가능한 일이다. 북한 내에서 중국과 국경을 마주하는 지역이라면 그 어디나 외부에서 들어오는 "황색바람 열풍에서" 자유롭지 못한 것이 사실이다.

그렇지만 회령은 말 그대로 "김정숙 어머님" 고향이 아닌가 말이다. 단순히 "김정숙 어머님" 고향이라는 이유로 회령이 "중앙에서 내려오는 지원을 더 받았다" 하는 점은 20명의 면담 대상자 누

89) 북한사회에서는 어떤 일을 기념할 때 5주년·10주년 시점에 특별행사를 기획하는 일이 많다. 5주년·10주년이 이른바 "꺽어지는 해"에 해당하기 때문이다. 특히 10주년은 정주년이라고 해서 더욱 큰 의미를 부여한다. 김정숙은 1917년에 출생했다고 하니 1982년은 꺽어지는 해에 해당하는 연도였다.

구나 인정하는 일이기도 했다. 그런데 중국에서 들어오는 "온갖 나쁜 풍조가" 회령을 거쳐 북한 내부 전역으로 흘러 들어가는 것은 부인할 수 없는 현실이다.

그보다 한층 더 심각한 문제는 회령이 중국을 거쳐 흘러들어오는 "남조선 물건과 문화의 통로가 된다는" 사실이다. 회령 시내 사람들은 "남조선 드라마를 많이" 보기 때문에 "그런 거 별로 본 일이 없는" 다른 지역 주민보다 "눈이 돌아가고 바깥세상을 많이 안다." 중국이나 인도 영화를 보는 사람도 회령 시내에 많지만 "체계를 쪼려 잡아 남조선 드라마 2-3편을 담은 씨디알이나 유에스비를 일부러 찾는" 경우도 드물지 않다. 회령 시내 젊은이에게 컴퓨터나 씨디알 같은 물건은 별로 낯설지 않다고 했다.

한 마디로 오늘날 북한 사회에서 회령은 사회주의 사상의 기치와 자본주의 황색바람의 추세가 주민들 일상생활 곳곳에서 크고 작은 충돌을 만들어 내는 도시로 규정할 수 있다. 그리고 이런 충돌은 회령 사람들 일상생활에 특유의 긴장감을 불어넣는다. 20명의 면담 대상자와 이야기를 나누는 과정에서 회령 주민들 스스로 북한 내 다른 지역에 사는 사람과 자신을 구분하고 싶어 한다는 느낌을 받는 경우가 많았다.

이들은 회령 사람들이 시내에 살면서 매일매일 먹고 입고 집안을 꾸밀 때 옆집보다 너무 추세에 뒤떨어진다는 평가를 받고 싶어 하지 않는다고 강조했다. 그러나 지나치게 남보다 앞서 추세를 주도하려고 한다면 "비사회주의 그루빠가 들이닥칠 때 누구

손에 한 번씩 철퇴를 맞을지도 모른다는" 사실도 염두에 두어야 하는 것이 "회령에 사는 사람들이 주의해야 할 점이라고" 했다. 게다가 비사회주의 그루빠의 단속은 한 번 피했다고 모든 일이 끝나는 것이 절대 아니다. "오늘은 피했어도 내일 또 다른 칼에 맞을" 가능성이 늘 숨어 있다는 뜻이다.

다른 지역도 다 마찬가지라고 하지만 회령에 살면서 이웃집 사람이 굶는 것을 뻔히 알면서 들여다보지 않으면 사회주의·공산주의 미풍양속을 해치는 사람으로 비난을 받을 가능성이 있다는 사실을 잘 기억해 두어야 한다. 그러나 동정심을 앞세워 이리저리 먹을 것을 나눠 주다 보면 "동정이 함정이라고" 자신에게 도움을 받은 사람에게 뒤통수를 맞을 가능성이 늘 상존한다는 점도 명심해야 하는 상황이 오늘날 회령의 현실이다.

이렇게 두 가지 흐름이 충돌하는 것은 북한 사회 곳곳에서 경험할 수 있는 일이다. 그럼에도 불구하고 그 충돌의 강도와 폭이 회령만큼 강하고 넓게 퍼져 있는 곳을 찾는 것도 쉬운 일은 아니다. 그런 점에서 회령은 정말 매력적인 연구 대상 지역이라 평가할 수 있겠다.

2) 회령: 1975년 이전과 그 이후의 변화

회령이 연구 대상 지역으로 매력을 지녔다고 생각하는 이유 또 하나는 1975년을 기준으로 그 이전과 그 이후의 역사가 완전히 달라지는 곳이라는 특성 때문이다. 한 마디로 회령은 북한당국이 작정하고 김일성·김정일·김정은 가계의 역사를 만들어 온 과정을 날 것 그대로 드러내서 보여주는 도시로서 특별한 의미를 지니고 있는 곳이다. 이 문제에 대한 역사적 평가가 언젠가 공정하고 객관적으로 이루어져야 한다.

면담 대상자 20명은 회령에서 김일성·김정일·김정은 가계의 역사 만들기 과정을 온 몸으로 경험했던 산 증인이었기 때문에 이들이 살아 온 이야기를 기록해 두는 작업은 그만큼 무겁고 소중하다. 언제 김정숙 동상이 처음 세워졌는지, 언제 그 동상이 옷을 갈아입었는지, 언제 김정숙의 먼 친척을 데려다가 7세대 마을을 회령에 만들었는지, 20명의 기억 속에 남은 이야기의 편린을 찾아 조각 맞추기 작업을 하는 과정은 훗날 우리들이 한반도의 온전한 역사를 제대로 기록하기 위한 기초자료로서 반드시 정리하고 보관해 두어야 할 일이다.

단순히 동상을 세운 일이나 구호판 글자를 세워놓은 시기를 기록하는 차원을 넘어 이들은 북한당국이 회령 시내에 김정숙의 흔적을 어떻게 "역사적 사적지로" 만들어 가며 김일성·김정일·김정은 가계에 유리한 의미를 의도적으로 부여해 왔는지 또렷하게 기억하고 있었다. 김정숙이 6세의 나이로 두만강을 건넜다고 하는 나루터를 사적지로 조성해 놓았던 것도 그렇고 3층짜리 사적관 건물을 새로 짓고 기존의 사적관 자리를 선물관으로 꾸며 놓았다는 사실도 그렇다. 이들이 아니면 누가 있어서 그렇게 세세하고 치밀하게 북한당국의 역사 만들기 과정을 우리에게 들려줄 것인가?

회령 출신 북한이탈주민 20명이 각자 기억하고 있는 1975년 이전의 세월은 하나도 남김없이 기록으로 만들어 놓아야 한다. 그리고 1975년 이후, 회령이 어떻게 변화했는지 면담 대상자 20명이 자신의 체험담을 통해서 들려주는 이야기도 빠짐없이 기록을 만들어 보관해야 한다고 생각했다.

이들이 들려주는 이야기를 기록한 자료는 무엇보다 북한주민과 북한이탈주민에게 가장 중요한 의미를 지닌다. 오랫동안 김일성·김정일·김정은 가계 만들기 과정에 동원된 역사를 배워 온 북한주민에게 어떻게 정확한 역사적 사실을 알려야 하는지 고민하는 나에게 면담 대상자 중의 한 분이 진심을 담아 이런 말을 들려주었다.

> 그 사람들 대신 판단을 내리려 하지 말고 뭐가 어떻게 만들어져 왔다는 것인지 사실을 그대로 알려주십시오. 우리 사람들, 조금 느리기는 하지만 그래도 정확한 사실을 알려주면 다 생각할 줄 압니다. 처음에는 힘들어도 천천히 사실을 배워가면서 서서히 변해 갈 겁니다.

이 분의 말씀에 다시 희망을 품고 오늘도 북한이탈주민이 들려주는 경험담을 듣는다. 이들이 들려주는 이야기가 "한 마디도 땅에 떨어지지 않도록" 귀담아 듣고 열심히 기록으로 남기는 일에 몰입한다.

3) 회령: 북한 내부를 들여다 볼 수 있는 창문

2013년 2월 말, 중국의 작은 마을 싼허(삼합)에 들어섰을 때 차가운 바람의 끝이 얼마나 날카롭게 옷 속을 파고드는지 온 몸 곳곳에 핫팩을 붙여도 도무지 정신을 차릴 수 없을 정도로 날씨가 매섭고 추웠다. 미처 공사가 다 끝나지 않아서 지키는 사람도 없는 전망대인 망강각(望江閣) 꼭대기에 올라가서 강 건너 회령을 들여다 볼 때 그 순간의 느낌은 내가 마치 창문을 통해 북한 내부를 들여다보고 있는 것 같았다.

내 눈 앞에 펼쳐진 회령의 모습은 강안철다리 뒤로 강안줄다리가 보일 듯 말 듯 하고 그 뒤로 멀찌감치 오봉다리가 보였다. 다리 위에는 걸어서 건너는 사람들이 보였고 다리 아래 회령천에는 또 다른 사람이 뭔가 하고 있는 모습으로 나타났다. 한때 두만강 바로 옆에도 민가로 꽉 들어차 "문세질로 먹고사는 동네로" 잘 알려진 망양동은 강변에 그 많던 집들을 정리하고 국경경비대 군인들이 머무는 초소만 덩그러니 남아 있었다.

눈길을 돌려 보니 새로 지은 회령세관이 보였다. 회령세관은 주변에 다른 건물이 별로 없이 혼자 우뚝 서서 그 위용을 자랑하고 있었다. 그 주변으로 트럭과 사람들 행렬이 드나드는 모습이 보였다. 회령 사람들이 자주 언급하는 제지공장과 크라프트지 공장, 멀리 보이는 식료연합회사 건물은 한 눈에도 별로 활기를 찾아보기 어려운 모습이었다.

오래 전부터 김정숙을 따라 배우자는 구호판 글자들을 크게 세워 두었던 백청산 전면은 짙은 차단막을 가려 놓아 도무지 그 뒤에서 어떤 일을 진행하고 있는지 아무 것도 확인할 수 없었다. 그 차단막을 목격한 뒤에야 면담 대상자 20명의 이야기를 다시 떠올릴 수 있었다. 이들은 하나같이 2013년 현재 북한당국이 김정숙 출생 100주년이 되는 2017년을 앞두고 뭔가 단단히 준비하고 있을 것이라고 지적했다. 백청산 앞에 드리워진 차단막의 존재는 이들의 판단이 정확하다는 점을 명시적으로 알려주고 있었다.

지금과 같은 분단 상황에서 북한 내 대부분의 지역과 다르게 회령 사람들 생활 모습을 관찰하는 것은 어렵기는 하지만 불가능한 일이 아니라는 점에서 매력적이다. 물론 회령 모습이 다 보이는 것도 아니고 조그마한 동산에 불과하면서도 시내 중심가를 가려주는 백청산 때문에 관찰할 수 없는 부분이 많다는 것이 몹시 아쉬운 상황이었다. 그럼에도 불구하고 회령은 북·중 국경지역에서 북한 내부를 들여다볼 수 있는 창문과 같은 역할을 하는 곳이라서 강한 매력을 지니고 있다.

4) 회령: 국내 거주 북한이탈주민의 비율이 높은 도시

2010년 6월, 이 연구를 준비하는 과정에서 국내에 거주하는 북한이탈주민 중에서 회령 출신인 사람이 대략 2,000명 내외라는 소식을 들었다. 당시 국내에 거주하는 북한이탈주민 전체의 10% 수준이었다. 일단 2,000명 이상이라는 숫자도 그렇지만 전체 모집단의 10% 내외를 차지하는 비율은 회령 출신 북한이탈주민의 개인적 경험담이 단순히 개인의 경험에 멈추는지, 나름대로 집단적 대표성을 지니는지, 연구자가 사회과학적 연구방법을 동원하여 점검하는 것이 전혀 불가능한 일이 아니라는 점을 시사해 준다.

물론 점검 과정에서 연구자가 얼마나 시간과 노력을 들여서 이들의 이야기를 기록하고 내용을 분석하는 작업에 시달려야 하는지, 그 문제는 별도로 감당해야 할 사항에 속한다. 그러나 국내에 거주하는 회령 출신 북한이탈주민의 숫자가 꽤 된다는 점은 연구자에게 한 사람의 발언에 의존하지 않고 다른 사람들 발언을 통해서 점검해 볼 수 있는 기회를 제공해 준다. 이런 과정을 거치는 것은 힘들고 지치는 일이지만 그 결과는 충분히 아름다운 열매로 나타난다는 점에서 위안을 받을만하다.

2. 후속 연구의 꿈

처음 회령을 연구 대상 지역으로 선정한 이래로 가끔 주변 사람들이 왜 하필 회령이냐고 질문하는 경우가 간혹 있었다. 굳이 그 사람들이 질문하지 않아도 늘 꿈속에서 나는 왜 이 시점에 회령 연구에 몰입하고 있는지 스스로 묻고 대답하는 과정을 거치는 일이 많았다. 꿈속의 일이지만 이 질문에 대답하는 내 모습이 마음에 들었던 기억이 별로 없다. 나는 왜 회령에 꽂혀 있는 것일까?

이런 질문에 대해 대답을 전혀 준비해 두지 않았던 것은 아니었다. 가끔씩 수업시간에 학생들을 향해 "도대체 왜 비싼 돈을 내고 대학과 대학원에 온 뒤 북한학을 공부하느라 나한테 시달리느냐" 하는 질문을 던지고 난 뒤 적당한 순간을 봐서 대답으로 내놓으려고 준비해 둔 답안이 늘 있기는 있었다. 한 마디로 말하면 이것이었다.

for the voiceless!

"정관사 the + 형용사 = 그런 특성을 지닌 사람들"이라고 영어 문법의 기초를 다시 한 번 설명하면서 자신의 힘으로 억울하다고 소리칠 힘도 없는 사람들의 "들리지 않는" 외침을 세상에 알리는 일을 목표로 삼는다고 말해 주곤 했다. 어느 날, 이와 어울리는 문구를 하나 찾았다.

make their voices heard!

그들의 소리를 세상이 듣게 할 수 있도록 만들어야 하는 일! 그것이 내가 회령 사람들 이야기를 들으면서 그 도시에서 일어났고 지금도 일어나는 일의 구체적인 내용을 정리해서 세상에 알려야 하는 이유라는 생각이 들었다. 그리고 이 정도로 마무리 하려는 순간에 우연히 집어 든 아침신문에서 짤막한 글 한 편을 읽었다. 세종리더십연구소 박현모 연구실장이 쓴 글이었다.[90] 이 글의 일부를 인용해 보면 다음과 같다.

> 세종은 백성을 하늘이 맡겨준 존재(天民)라고 생각하고 그들과 더불어 나라를 다스리고자 했다...세종이 '여민'을 중시한 것은 '위민(爲民)'론의 한계 때문이었다.... '위민(爲民)'이 '해민(害民)'으로 변질되는 것을 막을 방법은 무엇인가? 세종은 백성에게 중요한 정보와 지식을 주어서 스스로 판단할 수 있는 능력을 높이자고 말했다. 해시계를 만들어 종로 네거리에 내어 놓고, 물시계를 제작해 전국의 표준 시간을 반포한 일, 훈민정음을 창제해 문자라는 '권력'을 백성에게 돌려준 게 대표적인 사례다.

박현모 연구실장은 세종의 여민(與民) 리더십을 미국의 링컨 대통령이 남긴 표현인 "국민의 of the people, 국민에 의한 by the people, 국민을 위한 for the people" 정치라는 문구와 비교해 볼 때 영어로 국민과 함께 with the people로 볼 수 있다고 규정해 놓았다. 바로 이 부분을 보는 순간, 나는 앞으로 나아갈 길을 찾았다. 감히 우러러 세종대왕을 모방하는 것은 가능성도 없는 일이지만 그 발자취를 따라가려는 꿈을 품어 보기로 했다.

---

90) 박현모, "박현모의 세종 리더십: 링컨의 'for the people' 뛰어넘은 세종의 '與民,'" 「조선일보」 토일섹션 Weekly Biz, 2013년 3월 30일-31일, C7

이렇게 꿈을 꿀 수 있었던 배경에는 최근에 만난 면담 대상자를 통해서 "그 사람들 대신 판단을 내리려 하지 말고 뭐가 어떻게 만들어져 왔다는 것인지 사실을 그대로 알려달라" 하는 부탁을 들었던 일이 떠올랐기 때문이었다. 지금까지 북한당국이 어떻게 역사를 만들어 왔는지 그 과정을 지켜 본 사람들이 들려주는 이야기를 그대로 기록해 놓으면 앞으로 언젠가 북한주민과 북한이탈주민에게 사실 그대로 알려줄 수 있는 날이 올 것이라고 믿는 꿈을 계속 키워나가기로 했다.

그런 의미에서 회령 사람들 이야기는 이제 시작일 따름이다. 이 책에서 다 풀어놓지 못했던 이야기는 다음 책에서 계속 이어가고 싶다. 회령에 사는 소수자 minorities 이야기도 해야 하고 고난의 행군기와 7·1경제관리개선조치, 화폐개혁을 겪으면서 그 시기를 사람들이 어떻게 견뎌냈는지 서술해야 하는 숙제도 남았다. 변하는 회령과 변하지 않는 회령의 모습도 비교해 보아야 할 것이다.

게다가 회령 시내 모습을 실제로 보여주는 사진을 풍부하게 구하는 것 역시 큰 숙제로 남았다. 책을 발간하기 직전에 세미나 자리에서 만난 회령시 수북동 출신 북한이탈주민은 제4장에 왜 회령에서 찍은 사진을 수록하지 않았는지 질문했다. 회령 사람들 일상생활을 이야기할 때 평양이나 개성, 청진에서 찍은 사진을 수록한 것을 보니 내심 "서운한 마음이 들었다고" 털어 놓았다. 그 분에게 내 심정을 충분히 설명할 기회가 없었다는 점이 새삼

아쉽게 다가온다. 생각해 보면 회령 사람들 일상생활을 이야기하면서 회령 사진을 수록하지 못한다는 사실이 누구보다 안타까운 것은 바로 나 자신이었다. 지금이라도 당장 연구 대상 지역 회령 시내 한복판에 들어가 마음껏 사진을 찍을 수 있었으면 좋겠다는 심정이 가득하다.

그러나 이제 이런저런 내용이 모두 다 후속 연구의 꿈으로 남았다. 오늘도 그 꿈에서 헤어나지 못한 채 또 하루를 보낸다.

색인

[ㄱ]

가두녀성 / 182
간부 사업 / 17, 29
강냉이 / 18, 137, 140, 145, 149
강안동 / 17, 21, 27, 28, 30, 174
강안시장 / 21
강안줄다리 / 21, 23, 24, 26, 211
강안중학교 / 21
강안철다리 / 19, 21, 24, 48, 211
개인 소유의 부동산 / 159
개인 음식점 / 85, 189
개인 투자 / 191
개인집 / 71, 159, 160
개인탕 / 192
개천관리소 / 109
갱도 / 49
건설 / 35, 66, 70, 77, 87, 129, 192
건재상점 아파트 / 162
검열 / 108, 109, 129, 132, 191
검찰 / 108, 137
겉과 속이 다르게 살다 / 58
게임 / 117
경공업전문학교 / 76, 162
경비 초소 / 28
경비여단 / 37
경원군 / 197
경찰동복 / 112
곁가지 / 66
고난의 행군 / 7, 27, 81, 137, 216
고등물리학교 / 26, 42
고려약국 / 35
고려약학 / 35
고려의학 / 35
고뿌 / 78
고사리 / 144
고정한 사람 / 121
곡산공장 / 22, 24, 176, 190
골목시장 / 21
공개재판 / 108
공기동복 / 112
공동변소 / 166
공설운동장 / 45

공식환율 / 106
공업품 상점 / 161, 162, 163
과업 / 180
괴뢰군 포로 / 49
교도대 건물 / 44
교두 / 139
교양원 / 129, 131, 132
교육부 / 129
교화 / 64, 93, 108
구두공장 / 36, 176
구호 / 33, 59, 72, 162, 184, 209
국가집 / 159
국경지역 / 56, 79, 95, 97, 110, 176
국군병사 / 49
국돈 / 105, 121
국수 / 38, 83, 129, 163, 187, 190
국영상점 / 144
국정가격 / 138, 144, 145, 151
국정공급 가격 / 123
군관 / 24
군량미 / 137, 143, 150
군복 입은 김정숙 동상 / 75
군사동원부 / 40
군사복무 / 47, 65, 138
군사학교 / 42
군중외화벌이사업소 / 47
궁심 / 47, 48, 49, 111
귀국자 / 116
규찰대 / 112
금광 / 144
금생 / 26, 37, 47, 70, 80, 111, 160
기계공장 / 44, 63, 162
기성 / 114, 115
기와공장 / 65
기와집 / 62, 138, 158
기체식사 / 91
기폭상 / 113
기혼여성 / 181
길주 / 89
김기송 / 40
김성애 / 65, 66
김정숙 / 29, 70, 81, 111, 161, 204
김정숙교원대학 / 35, 64, 76
김정숙군 / 78
김정숙 도서관 / 41
김책 / 89
김평일 / 66
깜부기 / 84
깡다 / 191
꽃파는 처녀 / 21

[ㄴ]

나루터 / 29, 50, 209
나선경제특구 / 86
나일론 꽃수건 / 145
남녀관계 / 182, 186

남녀평등권 / 182, 183
남문동 / 44, 80, 154, 158
남문여관 / 38, 41, 187, 190, 192
남문중학교 / 47
남자들 옷차림 / 112
남조선 드라마 / 207
남존녀비사상 / 183
남포유리공장 / 64
내각 / 29
내부 배급소 / 137
내부 장식 / 159
내화 / 105
냉면 / 187
냉장고 / 115, 177
널집 / 71
노동능력 상실자 / 107
녹화기 / 116, 117
농민 / 79, 137, 143, 150, 197
농촌 사람 / 150
농촌경영위원회 / 74
눅은 가격 / 136, 144

[ㄷ]

다락밭 / 67
단고기 개장국집 / 189
단속 / 8, 29, 79, 90, 101, 186, 208
달러 / 53, 81, 104, 114, 138, 156
담배직장 / 22
답사숙영소 / 35, 36
당구장 / 190
당상 / 113
대덕리 / 44
대동강 텔레비전 / 151
대유희실 / 131
대중연설 / 196
대판거울 / 114
대학 기숙사 / 155
도강증 / 50, 79
도로관리소 / 178
도서인쇄출판사 / 36
도시경영사업소 / 152
도시바 / 115
독신자 합숙 / 64, 151
독집 / 28
돈주 / 116
돌격대 / 70, 71, 72
동명동 / 26, 42, 188
동발목 / 49
동약학 / 35
동의학 / 35
두만강 / 15, 21, 50, 74, 134, 209
드라마 / 117, 207
들리지 않는 외침 / 214
디비디(DVD) / 111
땅집 / 28, 153, 161, 166, 190

[ㄹ]
라게따 / 151
라남제약 / 97
라디오 보급률 / 123
러시아산 시계 / 151
레몬 / 134
레자 / 114
림옥봉 / 80, 193, 194, 195, 196

[ㅁ]
마약 / 90, 96, 188
마취제 / 168
막 말 빨리 하는 것 / 118
망강각 / 15, 17, 211
망양동 / 15, 27, 50, 104, 211
맹인 / 41
명태 / 40, 63, 144
모내기철 동원 / 178
모래 / 45, 84, 88, 144, 180, 202
목욕탕 / 86, 186, 188, 191, 192
목조건물 / 160
묘주 / 184
무리배치 / 63
무산 / 58, 97
무역 / 27, 29, 42, 47, 53, 133, 144
문란 / 91
문세 / 27, 211
물고기 상점 / 40
물로 만들어 버리다 / 121, 124
뭉텅이 돈 / 185
미공급 / 113, 121, 145, 174
미시적 연구 / 203
미장원 / 86
밀가루 / 131, 144
밀무역 / 27, 29, 53

[ㅂ]
바께쯔 / 80
박영철 / 193, 194, 195
발전소 / 166
방송망을 활용하다 / 123
방침 / 94, 109, 121, 180
배급 / 56, 113, 122, 133, 147, 181
배급소 풍경 / 139
백두산 밀영 / 56
백살구 / 36, 44
백청산 / 17, 20, 28, 33, 72, 212
뱀골초소 / 108, 109
법 기관 / 137, 187, 191
법정 공휴일 / 96
변하는 회령 / 216
변하지 않는 회령 / 216
병원 / 35, 92, 126, 161, 174, 189
보안원 / 95, 98, 117, 136
보위부 / 95, 137, 162
보위원 / 95, 136, 148, 181, 189

보을동 / 20, 37
보초근무 / 186
봉건적 유습 / 183
부르조아 날나리 꼴 / 58, 89, 206
부부별산제 / 183
부부탕 / 192
부양으로 놀다 / 181
부장동복 / 112
부정부패 / 139
북·중 국경지역 / 79, 99, 110
북송재일동포 / 99
북조선 남녀평등권에 관한 법령 / 182
북조선임시인민위원회 / 182, 183
북조선토지개혁법령 / 183
북한식 외래어 / 78
북한의 특성 / 203
북한이탈주민 / 11, 78, 95, 101, 110
북한지역정보넷 / 20
분배를 받는 농민 / 137
분주소 / 38
불고기 / 187, 188, 189
불구자 / 107, 185
불법 돈 장사 / 98, 105, 106, 107
불법 동영상 / 117, 118
불법행위 / 89, 99
불요불굴의 공산주의 혁명투사 / 33
불장식 / 167
블로크 / 84, 155
비공식 방문 / 75
비법 / 28, 53, 89, 135, 154, 175
비사회주의 그루빠 / 85, 113, 207
비사회주의 현상 / 88, 107
비상약 / 93
비판무대 / 180, 206
비판서 / 112
빙두 / 90, 92, 93, 94, 95, 191
빛전화 / 117
빨래비누 / 136, 145
빵통 / 108, 109
뽄트 / 78

[ㅅ]

사금 / 144
사사여행자 / 133, 134
사상 문제 / 29
사업토의 / 91
사우나 / 190
사적관 / 35, 38, 56, 66, 72, 205
사적지 / 29, 37, 50, 84, 209
사찰단 / 126, 129, 130, 131
사탕가루 / 144
사회급양 사무실 / 190
사회보장 대상자 / 175
사회안전성 / 38
사회의 세포 / 94
사회주의 기치 / 204, 205

사회주의 북한의 자랑 / 167
사회주의 평등 이념 / 144
사회주의 현상 / 85
사회주의·공산주의 미풍양속 / 208
사회주의건설 / 129
산부인과 / 171
산업동 / 40, 42, 44, 45, 56, 162
삼면경대 / 114
삼봉 철도국 / 192
삼성 / 115
삼지연 / 56
삼합 / 15, 33, 48, 50, 211
새땅찾기 운동 / 67
새마을동 / 20, 37
새별군 / 196, 203
생산증대 정책 / 67
생애과정 / 203
석길호 / 196
석탄 / 22, 49, 155, 191
선물관 / 72, 209
선물담요 / 151, 204
선전사업 / 94
선호위장 / 58
성분 불량자 / 49
성성한 사람 / 41
성진제강소 / 156
성천동 / 38, 41, 84, 154, 160, 161
성천중학교 / 21, 41, 154
성희롱 / 185
세관 / 105, 115, 211
세대주 반장 / 176
세수비누 / 145
세천탄광 / 49
소니 / 115
소독 / 168
소수자 / 216
소염제 / 168
소토지 / 67, 150
소학교 / 6, 167
속치마 / 145
손전화 / 90, 106
송이버섯 / 144
송화가루 / 144
수북동 / 20, 37, 216
수세식 화장실 / 162
수익금 / 105
수제비 / 131
수해 / 129
숙박업소 / 186, 192, 193
슬로바 / 151
시 당 책임비서 / 193, 195
시 당 청사 / 161, 194
시 안전부 정치부장 / 44, 194
시 인민위원회 / 29, 67, 195, 196
시내 사람 / 126, 150, 188, 207
식당 / 82, 86, 94, 135, 161, 186

식량 배급 / 56, 137, 181
식량공급 / 136
식량배급 / 113, 122, 135, 149, 181
식량창고 / 130, 132
식료연합회사 / 17, 22, 24, 211
식료전문학교 / 76
식료품상점 / 147
신식 아파트 / 162, 163
신약국 / 35
신의주 / 109
신화폐 / 121, 180
신흥리 / 26, 27
싼허 / 15, 17, 20, 33, 35, 48, 211
쌀 / 123, 129, 133, 137, 138, 140
써비 / 161
썩비레 / 45
씨디알(CD-R) / 110, 134, 207

[ㅇ]

아동양육비 / 183
아이스 / 90, 91
아파트 / 41, 62, 70, 76, 80, 153
아편 / 90, 92, 93, 96, 97
안전부 / 38, 47, 76, 104, 137, 194
안전원 / 98, 101, 118, 136, 181
앉은장사 / 107, 185
알곡 / 143
압수 / 98, 100
앞쪽 지대 / 99
야간순찰 / 98
약솜 / 168
약전 / 118
양귀비 / 93
양수기 / 49
양어장 / 45, 47, 80
양잿물 / 145
양정 공급 / 139
양정부 / 129, 130, 131, 132
얼음 / 90, 91, 92, 94, 95, 96, 98
엔화 / 99, 104, 105, 106
엘리베이터 / 156
엠피사(MP4) / 110, 111
엠피삼(MP3) / 110, 111
여맹조직 / 178
여성 고사총 부대 / 186
여우와 승냥이 / 122
여자들의 탈북 / 107
여행증 / 38, 56
역전 국수집 / 191
역전동 / 17, 20, 38, 41, 84, 155
연기를 같이 마시다 / 91
영예군인공장 / 47
영화 / 21, 117, 151, 207
오봉다리 / 21, 24, 26, 44, 211
오봉시장 / 21
오산덕 유치원 / 126, 129

오산덕동 김정숙 생가 / 61
오산덕중학교 / 41
오산소학교 / 38
오산중학교 병설 인민학교 / 62
오지공장 / 65
오토바이 / 177
옥수수 / 123, 129, 130, 131, 132
온성 / 24, 58, 97, 192
옷차림 / 72, 111, 112, 113
완전무상치료 / 167
외래어 / 78
외부 물품 / 115
외화 / 81, 96, 97, 100, 105, 114
외화와 바꾼 돈표 / 106
우라까이 / 78
운전교육 / 42
원산 / 26, 27, 116
위민 / 215
위안화 / 99, 100, 105, 121
위장 전략 / 58
유로화 / 99
유리병 공장 / 36, 64, 65
유무상통 / 160
유선군 / 56
유선방송 / 123, 124
유선탄광 / 22
유에스비(USB) / 117
유엔 사찰단 / 126, 129, 130, 131
유엔 사찰용 장부 / 129
유엔인구기금(UNFPA) / 53
유일사상 / 66
유일지도체계 / 67
유치원 식량창고 / 132
유행 / 88, 110, 111, 112, 114, 187
은덕원 / 86, 87, 190, 191
은하수 비누 / 144
은행원 / 124
음료수 / 134
음식 / 82, 83, 84, 85, 86, 179, 190
음악 / 111, 117, 118
의뢰서 / 175
의료기관 / 126
의사 / 174, 177
이발소 / 86
이신작칙의 모범 / 78
이팝 / 138
이혼 / 94, 177, 182, 184
인민군 / 49
인민반 / 83, 107, 138, 175, 182
인민반장 / 175, 176, 178, 180
인민병원 / 35, 175
인민보안서 / 38, 44, 47, 194
인민보안성 / 38
인민비 / 100
인민위원회 / 29, 67, 194, 196
인민폐 / 100, 154

인민학교 / 6, 62
인신매매 / 27, 108
인큐베이터 / 171
일년치 결산 분배 / 116
일반유선전화 / 117
일상생활 / 11, 58, 99, 121, 175
일일장사 / 50
임금 / 121, 123
입사증 / 152, 153
입쌀 / 137, 140
잎담배 / 24

[ㅈ]

자동차 수리 / 42
자본주의 날나리풍 / 58
자본주의 황색바람 / 57, 204, 206
자재 인수원 / 7
자택교화 / 93
작업장 / 112
장갑 / 136, 179
장공장 / 44
장마당 / 50, 79, 104, 123, 136
장신구 / 111, 112, 113
장영철 / 193, 195
장판 / 114, 159, 166
재봉기 / 134, 194, 195
재일교포 / 163
재판소 / 94, 108, 159
재판이혼 / 184
저금 / 124
적을 걸어두다 / 7
전기 히터 / 191
전기선 / 156
전업주부 / 182
전쟁물자 예비창고 / 174
전주대 / 108, 109
전화 / 178
접대원 / 82, 185
제13차 세계청년학생축전 / 77, 81
제2차 인구센서스 / 53
제3방송 / 123
조국해방전쟁 / 96
조선녀성 / 11, 53, 55
조선노동당 / 29, 107
조선농업근로자동맹 / 181
조선민주녀성동맹 / 53, 182
조선의 2008 인구센서스 / 53
조선의 홍콩 / 36, 53, 57, 88, 89
조선족 / 133, 134
조직생활 / 179, 181, 182
조총련 / 99
종성 / 58
종합편의시설 / 86
주택 배정 / 64, 163
주패 / 93
중고제품 / 115

중기 / 114, 115, 116
중독성 / 92
중산층 / 117
중앙 검찰소 / 108
중앙 보안서 / 108
중앙 사로청 / 108
중앙 재판소 / 108
중앙당 / 107, 108, 109, 146, 192
중앙위원회 / 53, 66, 107, 108
지도위원 / 163
지방 산업 / 17
지방정권조직 / 29
지배인 / 148, 163
직업적인 거간꾼 / 154
진료소 / 174, 175
진성동복 / 112
집안의 무게를 높이다 / 115
집을 배정받다 / 157
집지을 땅에 금을 그어 주다 / 157

[ㅊ]

차단막 / 29, 212
차림새 / 57, 68, 72, 89, 112, 206
창고장 / 163
창광원 / 86
창평리 / 24
창효닭공장 / 27
창효리 / 26, 27
채탄장비 / 49
책임비서 / 75, 193, 194, 195, 196
철도기관차대 목욕탕 / 191
철도성여관 / 192
청년동맹원 / 113
청바지 / 112
청진 / 15, 48, 58, 62, 75, 89, 216
체계를 쪼려서 잡다 / 117
초급당 비서 / 194, 195
초모 / 42
초법적 지위 / 85
초상화 / 113
초소 / 27, 56, 108, 211
초옥이네 식당 / 186, 187, 188
총살형 / 93
추방 / 64, 94, 108, 181
추세 / 88, 110, 114, 117, 178, 207
출입 승인번호 / 56
치료 관행 / 168
칠골거리 / 96
칠보산 관광 / 135
칠월팔일동 / 29, 37

[ㅋ]

카펫 / 114
카프라 수건 / 145
컴퓨터 / 117, 177, 207
크라프트지 공장 / 17, 20, 163, 211

[ㅌ]

탁구장 / 190
탁아 유치원 / 187
탄광 / 22, 49, 63, 152, 162
탈곡장 / 143
텃밭 / 166
텔레비전 / 115, 116, 151, 163, 167
토장국집 / 187
토지의 분배 / 183
통과의례 / 203
통행증 제도 / 64
퇴비 / 180
트로트 / 118
특별공급 / 40, 133, 151
특별선물 / 151, 206
특별한 사람 / 136
특세를 누리다 / 56
특수한 계층 / 136

[ㅍ]

팔을천 / 20, 26, 33, 36, 45, 66
팬티엄 / 178
평백성 / 136, 137, 143, 144
평범한 노동자 가족 / 163
평범한 주민 / 98, 136
평양 / 48, 54, 64, 99, 108, 216
평양시 월향동 독신자 합숙소 / 151
평양의 고위급 / 147
평양의 만경대 / 56
포고문 / 90, 93, 124
포치 / 176, 180, 181
풍산리 / 44
필로폰 / 90, 91

[ㅎ]

하모니카 주택 / 166
하바닥 / 143, 144
하전민 / 143
하전사 / 24
학용품 가방 / 145
한국산 가전제품 / 115
한순녀가 운영하는 개장국집 / 186
한증탕 / 188, 191
함바 생활 / 71
함흥 / 65, 96, 97
합법적인 돈 장사 / 104, 105
합의이혼 / 94, 184
항일투쟁 / 68
해면레자 / 114
행정위원회 / 38, 44
향교 / 40, 62
허영규 / 193, 194
혁명 사적지 / 84
현지교시 / 27
협동농장 / 20, 79, 137, 143, 150
호주제 / 94

혼인등록 / 184
홍콩시장 / 79, 89, 192
화교 이내복 / 191
화대군 책임비서 / 194
화장품 / 134
화투 / 93
화폐개혁 / 102, 121, 166, 193, 216
환각제 / 96
회령 공민증 / 56
회령 국수집 / 38, 187
회령 기본 도로 / 35
회령 꾸미기 / 77
회령 담배 / 24
회령 사람의 긍지감 / 59
회령 시내 십자거리 / 166
회령 시내 집값 / 161
회령 종합시장 / 41
회령경공업전문학교 / 162
회령관 / 82, 83
회령교원대학 / 70
회령국수집 / 41, 163
회령군 / 56
회령문화회관 / 44
회령사범분교 / 70
회령산원 / 35, 126, 163
회령세관 / 50, 211
회령소학교 / 41, 62
회령시 광장 / 38, 41
회령시 당국 / 85
회령시 병원 / 177, 189
회령시 산원 / 35
회령시 양정부 / 129, 130
회령시 인민병원 / 35, 175
회령시 인민위원회 / 29, 67, 196
회령시 종합시장 / 21
회령시 책임비서 / 80
회령시 체육위원회 / 163
회령여관 / 40, 192
회령여중 / 62
회령역 / 15, 22, 48, 76, 108, 190
회령을 찾는 외국인 손님 / 126
회령읍 식료상점 / 21
회령의 양면성 / 53
회령의 오산덕 마을 / 56
회령의 이중적 이미지 / 57
회령의 전성기 / 206
회령제지공장 / 32
회령종합시장 / 100
회령책방 / 41
회령천 / 17, 41, 66, 88, 157, 211
회령-청진행 기차 / 48
회령판 산업지도 / 177
회령호텔 / 15, 40, 82, 134, 190
후속 연구 / 213, 217
훈민정음 / 215
흙도로 / 182

흥성회사 / 42
희귀하게 생각하다 / 130

[기타]

11년제 무료교육 제도 / 167
12호 수용소 / 24
1급 기업소 / 17
1월 17일 공장 / 22
1일 700그람 / 181
22호 수용소 / 48
2급 기업소 / 17
39호 부부장 / 108
3대 고장 / 56
3대혁명 아파트 / 162
4·25농장 / 24
4호 창고 / 174
5과에 뽑혀가다 / 146
5호 관리소 / 47
6·25전쟁 / 49, 96
65호 공급상점 / 136
65호 상점 / 40, 137, 147
6군단 사건 / 78
7·1경제관리개선조치 / 121, 125, 216
7세대 마을 / 40
8·3돈 / 7
9군단 / 78
9년제 의무교육 제도 / 167
DVD / 110, 111, 116, 117

회령 사람들,
기억 속 이야기를 들려주다!

초판인쇄일 | 2013년 6월 25일
초판발행일 | 2013년 6월 28일
저 자 | 김 석 향
그 림 | 윤 성 서

발 행 인 | 유 지 수
발 행 처 | 국민대학교 출판부
주 소 | 서울시 성북구 정릉로 77
전 화 | 02-910-4242, 3
팩 스 | 02-910-4240
등록년월일 | 1975. 6. 17
등록 번호 | 제6-33호
인 쇄 | 상지피앤아이

 ISBN978-89-7812-326-6 93340

가격 22,000원

국립중앙도서관 출판시도서목록(CIP)

회령 사람들, 기억 속 이야기를 들려주다 / 저자: 김석향.
-- 서울 : 국민대학교 출판부, 2013
p. ; cm

ISBN 978-89-7812-326-6 93340 : ₩22000

탈북자[脫北者]
북한 사회[北韓社會]

340.911-KDC5
320.9519-DDC21 CIP2013009874